ACCESO GRATIS *a la Lectura en la Nube*

Para visualizar el libro electrónico en la nube de lectura envíe junto a su nombre y apellidos una fotografía del código de barras situado en la contraportada del libro y otra del ticket de compra a la dirección:

ebooktirant@tirant.com

En un máximo de 72 horas laborales le enviaremos el código de acceso con sus instrucciones.

La realidad narrativa en la escritura académica

Procedimiento de selección de originales, ver página web:

www.tirant.net/index.php/editorial/procedimiento-de-seleccion-de-originales

Luz Stella Angarita Palencia

La realidad narrativa en la escritura académica

tirant humanidades
Bogotá D.C., 2024

En caso de erratas y actualizaciones, la Editorial Tirant lo Blanch publicará la pertinente corrección en la página web www.tirant.com

Angarita Palencia, Luz Stella, autora.
La realidad narrativa en la escritura académica / Luz Stella Angarita Palencia. -- Primera edición. -- Bogotá: Tirant Humanidades, 2024.

186 páginas.
Incluye referencias bibliográficas.
ISBN: 978-84-1183-555-8

1. Redacción de escritos técnicos. 2. Escritura creativa. 3. Comunicación científica. I. Título.
LC: T11 CDD: 808.066 ed. 23

Catalogación en publicación de la Biblioteca Carlos Gaviria Díaz

© Pontificia Universidad Javeriana
Editorial Pontificia Universidad Javeriana
Carrera 7.a n.° 37-25, oficina 1301
Edificio Lutaima
Teléfono: 601 320 8320 ext. 4752
JAVERIANA.EDU.CO
Bogotá D.C.

© TIRANT LO BLANCH
EDITA: TIRANT HUMANIDADES
Calle 11 # 2-16 (Bogotá D.C.)
Telf.: 4660171
Email: tlb@tirant.com
Librería virtual: www.tirant.com/co/
ISBN: 978-84-1183-555-8

Si tiene alguna queja o sugerencia, envíenos un mail a: *atencioncliente@tirant.com*. En caso de no ser atendida su sugerencia, por favor, lea en *www.tirant.net/index.php/empresa/politicas-de-empresa* nuestro procedimiento de quejas.
Responsabilidad Social Corporativa: *http://www.tirant.net/Docs/RSCTirant.pdf*

Índice

Preámbulo

Solemos creer que las capacidades innatas conducen el quehacer en las prácticas disciplinares, y sin duda contribuyen, aunque hay un aspecto que debería considerarse como determinante en el desempeño laboral de la mayoría de los académicos. A título personal, el tema de la escritura en textos académicos por mucho tiempo me significó una gran inquietud. Y durante ese lapso sospeché que la salida podría ser la escritura literaria como recurso, sin embargo esa posibilidad se me convirtió en un interrogante metodológico, que poco a poco amainó cuando comenzó a surgir *La palabra-imagen*, mi propio método de escritura, producto del método al que posteriormente llamé Investigación Narrativa de Creación (INC); el cual se presenta como una variante, de lo que en el territorio anglosajón llaman *creative writing* (escritura creativa), o en Europa llaman creación narrativa. La INC desde su concepción se pensó como una perspectiva inclusiva para habilitar a diversidad de escribientes, cuyo interés se cifra en cambiar la forma de exponer los temas disciplinares más variados, sin que el atractivo literario sea el único fin.

En el ámbito académico cada día es más frecuente el uso de formas que flexibilizan la escritura de los reportes de investigación o de los procesos didácticos, quizás porque crece la necesidad de renovar la producción textual para comunicar los contenidos en cada área de conocimiento, más allá del uso de una adecuada gramática y una sintaxis coherente. Con la idea de ilustrar en la práctica esa flexibilización que se vive en la academia, este texto da cuenta de la Sistematización de una experiencia investigativa, *La palabra-imagen*, una propuesta metodológica para conformar narraciones asimilables como creaciones académicas.

Consciente de ello, insisto en las bondades de una actividad como la Investigación Narrativa de Creación (INC), y en la aplicación de *La palabra-imagen* como una metodología escritural con capacidad de adaptación a necesidades varias en diversos escenarios, como respuesta posible a la concreción narrativa de la expresividad académica. Ella perfila la idea de que tanto la escritura de creación como la escritura académica provienen de un ejercicio autoconsciente, el mismo que realiza el arte a través de "... un juego de malabares en los que participan el conocimiento, la inteligencia y la intuición..." (Gómez y Henao, 2003, p. 14). Siendo así, cualquier individuo, independiente del campo en que se desarrolle, está en capacidad de ejercer una actividad como la escritura narrativa, basta con conocer y operar con cierta desenvoltura algunas herramientas que orienten el camino narrativo hacia la convergencia y la apertura de enfoques; es decir, hacia un cambio paradigmático cuyo objeto es la racionalización creadora como punto de partida.

Las páginas que construyen este libro relatan la sistematización que devino de la adecuar e instrumentar *La palabra-imagen*, una concreción textual isotópica que se abastece por la interrelación conceptual entre disciplinas, y se concreta al desplegar una estrategia cognitiva individual para narrar a través del sustrato teórico-procesual de la Investigación Narrativa de Creación (INC). Razón por la cual a lo largo del texto se despliegan los tres tipos de narratividades inscritas en el lenguaje académico: teoría, práctica e investigación, equivalentes al progreso seguido por *La palabra-imagen*. En otras palabras, la explicación teórica, la construcción narrativa y la sistematización periódica, demuestran cómo las múltiples formas de la escritura narrativa dan origen a la apropiación razonada, la recontextualización y la renovación del análisis al innovar la lectura sobre la realidad, suscitada por la pauta metodológica de *La palabra-imagen*.

Por coherencia narrativa, este texto fraguó un sistema organizador intrínseco entre el enfoque relacional de los estudios literarios y el ejercicio narrativo como una actividad compleja. La aportación teórica y práctica de ambos procedimientos analíticos, además de los buenos oficios de otros fortines disciplinares dentro de la práctica pedagógica, operaron como vínculos procedimentales para modelar la experiencia (formulación, comprobación y expansión), en el cual la ficción funge como detentora de opciones lectoras de la realidad y materializa nuevas dimensiones en la construcción de resultados investigativos a modo de andamiaje académico-narrativo.

Esta iniciativa analítica abrió un camino metódico autoorganizado, en muchos casos productor de conocimiento, en otros casos emisor de conocimiento sobre espacios culturales divergentes como parte de una organización dialógica autopoiética. De tal forma que, a partir de tres esfuerzos discursivos yuxtapuestos como intertextos, este texto ilustra de forma transexplicativa y sistémica un producto complejo derivado de engranar enfoques disciplinares sobre una tela discursiva a modo de andamiaje que oscila entre formas discursivas paralelas, su propia complexión metacognitiva. En ella la conciencia de los procesos cognitivos autorregula la evolución del aprendizaje, práctica y experiencia pedagógica, alrededor de un método de enseñanza de la literatura, el cual procesé, interpelé y le otorgué sentidos, valiéndome de mi razonamiento metacognitivo, como directriz en la acción investigativa.

De tal manera que la interacción entre los Estudios Literarios y la Complejidad, extrapolan y unen; extrapolan, al inferir el conocimiento de un dominio en el otro, y permiten que sin transgredirse, los resultados en un ámbito de estudio se apliquen en el otro; de esa forma, crean un vínculo disciplinar interactivo, convirtiéndose en una dupla productora de complementariedad reflexiva. Así, *La realidad narrativa por imaginar en la escritura académica* plantea un texto académico de creación, a través de tres instancias reguladoras dialógicas, intertextuales y autoconscientes en el cual fragmentos críticos, creativos y paracríticos o metacríticos explicitan el proceso de reflexión teórico-práctico que adelantó el ejercicio de *La palabra-imagen* durante dos décadas.

En cinco fracciones narrativas estas páginas exponen la ENC en acción, mediante tres tipos discursivos que adecúan el tránsito de la conceptualización académica dentro de la narración, la narración dentro de la investigación reflexiva, la reflexión dentro de la memoria práctica. Ahora bien, teniendo en cuenta que todo acto de escritura involucra un acto discursivo de recepción e interpretación concerniente a una representación de la realidad, a un eco de la Historia y de su consecuente pensamiento, esos tres tipos discursivos articulan el bastimento epistémico que convive entre los caracteres conductuales derivados de la Modernidad y de la Posmodernidad; es decir, entre la objetividad, la razón, la verdad, los absolutos explicativos, versus la subjetividad, la autorreflexión, lo ecléctico, y lo pluralista. De manera pues, que la interrelación entre la teoría, la historia narrada y la experiencia que mueven a *La palabra-imagen*, provee la visión transdisciplinar literaria como innovador epistemológico o virtud autopoiética, según decida cada lector.

Capítulo 1.
Inmediaciones narrativas

Este capítulo cuenta cómo aprendí a conducir el lenguaje académico hacia la forma narrativa; la manera en que el sentido pedagógico se convirtió en el acicate de la reflexión teórica y de la práctica narrativa. Una historia dentro de otra historia articuladas por diferentes perspectivas analíticas construyó una propuesta académica, la Escritura Narrativa de Creación (ENC) como método; y la primera aproximación práctica al oficio de *La palabra-imagen*.

Por eso, el primer paso apunta a cómo introducir al lector en el conocimiento por transmitir a través de un planteamiento intertextual. El primer tipo discursivo, el experiencial, presenta cuál fue el inicio de la propuesta metodológica. Luego, desde otro lenguaje, el teórico, comienza el acercamiento a la complejización narrativa. Y al cierre del capítulo, una narración ficcional, el primer fragmento de *La clave de un nuevo tiempo*, uno de los tres mundos intertextuales que habita la diégesis del documento en el cual la complejidad literaria funge como soporte de la Investigación Narrativa de Creación (INC). Ángulos de análisis que acoplan formas de asimilar la realidad y la ficción, la teoría y la creación. Tres universos discursivos se constituyen como actantes dentro del relato orgánico del proceso investigativo general para abrir la compuerta al lenguaje ficcional procedente de la Literatura, perspectiva que procura una ondulación transdisciplinar.

1. EL PRIMER MOMENTO DE LA PROPUESTA METODOLÓGICA

Ad portas de entregar mi monografía en el pregrado de Estudios Literarios (1999), y resuelta la mayor parte de su contenido aparecieron dos escollos; uno, en ese entonces la academia en Colombia se resistía a considerar una creación literaria como opción válida de un trabajo teórico. Pese a esa postura, mi propuesta contempló la creación como tronco del trabajo monográfico; la monografía que entregué llevó el nombre de *El reportaje como género literario* (Angarita, 1999). En él se articularon dos disciplinas y dos lenguajes de la escritura –literatura y periodismo–; y la escolta teórica fue la poética del relato literario. Como novedoso sustento a ese fundamento teórico interdisciplinar, produje un reportaje literario, lo llamé *Los héroes que le quedaron a la guerrilla*, en él dos personajes arraigados a la historia política del país cuentan un fragmento de la historia de Colombia (1960-1994).

El segundo escollo fue que para presentar el texto era necesario un sustento metodológico porque no había un antecedente similar como trabajo de grado en el programa que cursaba. Después de muchas vueltas, logré soportar el requerimiento metodológico; en su momento, sustenté el proceso mediado por instrumentos analíticos que los estudios literarios aportan, el relato como recurso de escritura y el ensayo como género subyacente en un trabajo de tesis. Dicho sea de paso, ese aparte metodológico dentro de mi tesis de pregrado fue el sustrato de la evolución paradigmática y sintagmática futura a la que di el nombre de *La palabra-imagen*. Si bien la primera versión del este aparte se escribió en 1999 para presentar la monografía, aquí presento una adaptación que hice en 2005, no obstante, su contenido es el mismo salvo un par de frases que incluí con el fin de actualizarlo.

1.1. El duro ejercicio de investigar será más divertido si lo cuentas[1]

Hace cerca de veinte años mi ingreso al Departamento de Literatura estuvo acompañado de un aprendizaje que aún hoy me significa grandes dificultades, aunque poco a poco empecé a manejarlo, con el tiempo fui

1. La versión que aquí se presenta se adaptó en el año 2005 para publicarse en la revista *Fractales*, impulsada por los estudiantes de la Carrera de Estudios Literarios en la Pontificia Universidad Javeriana de Bogotá.

entendiendo que para expresar el conocimiento entre más complicado lo hiciera, era mejor. Es decir, no bastaba con escribir claramente lo que pensaba, hacía falta ponerle un toque de desequilibrio crítico coherente a las palabras para que adquirieran interés. A eso nos hemos acostumbrado en la academia, a dar cierto roce de pretensión a las ideas para complicar un poco más la vida –básicamente la del lector–, y si no se trata de un público especializado, queda excluido, y muchas veces un público idóneo queda en el mismo estado.

Tiempo después cuando preparaba mi monografía de grado, me encontré con que mi manera de relatarla no correspondía a los cánones prescritos en la redacción de este tipo de textos, y yo definitivamente no entendía por qué para expresar una idea que era netamente mía y que amasé poco a poco entre mis manos valiéndome de un par de teóricos que me ayudaran a sustentarla, sólo era aceptada en el momento en que la refería de manera oral. "Suena muy interesante", era la respuesta de la mayoría de las personas. Cuando les mostraba lo escrito se divertían como si escucharan un cuento bien engranado, sin embargo, para ellos no contenía los principios propios de una monografía. ¿Por qué?, porque no hablaba en ese idioma perteneciente al desequilibrio crítico coherente del que ya hablé, pues el hecho de que todavía no haya sido acuñado formalmente, no quiere decir que no exista, al contrario, lo encontramos en silente estancia en los corredores de las aulas universitarias.

Sin haberme graduado aún como literata, pero a un paso de recibir mi diploma de Especialista en Docencia Universitaria y después de dos años de desempeñarme en un trabajo que me permitió expresar, ante muchos profesores del país, mis ideas en torno a la función de la oralidad en la enseñanza, comencé a tutorar algunas monografías de grado. Si, si, ¡qué horror! Una persona que no había alcanzado la suficiencia mental para escribir la suya, cómo va a dirigir otras. Pero resulta que ahí está el *quid* de este texto. Para mí una monografía es en esencia una idea buena, regular en ocasiones, y en otras sin mucha gracia, que tenga algo que decir, algo que aportar o que simplemente devele la molestia de haberse puesto a pensar sobre un tema del cual dedujo algo, no siempre un gran aporte a la ciencia. Lo importante de esa idea es la manera de confrontarla, desmenuzarla, interpretarla y de relatarla, porque encontrar una fórmula que logre expresar una idea creativa para decir cosas simples o complicadas que queden al alcance de todo lector, puede ser más difícil, que la habilidad de llenar hojas y hojas de neta carreta en el mejor de los casos, y plagio en el peor de ellos.

Dos métodos y un resultado

De manera que para avanzar en la escritura de un texto monográfico no es necesario hacer grandes descubrimientos, sólo se requiere de la observación de un problema, el cual condujo a la hipótesis. En este punto resulta importante recordar a los teóricos especialistas en el relato y la habilidad de llevarlo a cabo, aunque no parezca servirá para adelantar la investigación o la redacción de ella si ya se realizó.

En mi caso, uní por un lado el método que durante muchos años ha utilizado la historiadora Clara Inés Guerrero y mi idea de decir las cosas de forma simple, más analítica que exuberante, basándome en algunas estructuras de estudio sobre los relatos literarios. Así concluí una posibilidad de llevar a buen fin la tarea ya emprendida, que conforma el cimiento del presente ensayo.

De tal forma que el camino a seguir durante el periodo de investigación es el sendero que guía la memoria, la cual recorre diferentes momentos a partir de la siguiente premisa: "Los individuos y las comunidades son sujetos-objetos porque se investigan a sí mismos" (1990). Dicho recorrido empieza en la memoria sensorial, la cual cuenta con el cuerpo y los sentidos que permitirán relacionarse con la piel del trabajo de campo. Casi al mismo tiempo se acude a la memoria simbólica, teniendo en cuenta que los símbolos son la forma de conceptualizar sentimientos aprehendidos. Una vez se haga lo anterior la síntesis llega por derecho propio en mayor o menor medida por medio de la expresión de formas narrativas para comunicar el proceso.

De esta manera, "de lo sensible a lo conceptual guiados por la lógica dialéctica" (p. 7), los sentimientos dan la temperatura de la narración, los conceptos la colorean y la expresión plasma la memoria colectiva, todo conjurado por la intuición secuencial que crea la narración, encargada de describir de la manera más amplia el proceso investigativo-creativo que se siguió, para llegar al momento de confrontar y socializar, en donde el resultado se funde en un tiempo tejido por la memoria del investigador y la comunidad.

Sin lugar a duda, después de llevar a cabo el proceso tal como el modelo metodológico de Guerrero lo indica, en el momento de expresar, confrontar y socializar, se deberá hacer un alto para pensar no sólo en lo ya dicho, sino en lo que queda por decir, que de alguna manera tiene que ver con el aprendizaje externo que acompaña el proceso en sí y que permite llegar a este punto. Se trata de cómo lograrlo, cómo poder relatar no sólo el trabajo de campo, sino todo el proceso, de hacer una propuesta propia a partir de un proceso creativo y método-lógico en donde el relato resultante esté libre de la pretensión de hacer una innovadora teoría. Como ya dijimos al realizar una investigación monográfica, no estamos hablando de descubrimientos, sino de plantear una idea a desarrollar para después exponerla o relatarla, de forma creativa, sin el complejo de pensar que si de alguna manera, se literaturiza la descripción del conocimiento adquirido, pierde toda validez.

En este punto, es inevitable el asalto intermitente de una pregunta: ¿Cuándo se cuenta bien algo sin que se esté relatando? Me atrevería a decir que nunca. Entonces, a partir de la poética del relato literario donde se evalúan categorías culturales y literarias, se debe observar la oralidad de nuestras gentes y su cosmovisión y cómo a partir de ello, se obtiene una metodología que consiste en apelar directamente a la memoria colectiva desde la oralidad y la escritura, para reproducirla en el relato de una investigación en este caso, y desde ahí formular una propuesta en que la monografía sea un ensayo relatado según el autor.

Entonces...

Escribir no es fácil, en la mayoría de los casos nos resulta más sencillo expresar nuestras ideas de forma oral por más complejas que se hayan concebido. Por eso, desde el relato, una práctica netamente oral, que se puede revertir en la escritura o en lo audiovisual, presento una propuesta metodológica –si me permiten utilizar la palabra método–, que quizá colaborará al desenvolvimiento de la última etapa del trabajo de una investigación. Y es que “nadie puede pretender que los cuentos sólo deban escribirse luego de conocer sus leyes. En primer lugar, no hay tales leyes; a lo sumo cabe hablar de puntos de vista, de ciertas constantes que dan una estructura a este género tan poco encasillable” (Cortázar, 1963, p. 3).

Sin embargo, como dije anteriormente, no resulta nada fácil explicar esta idea, sobre todo si la intención que la acompaña apunta a: ¿Por qué un ensayo se asemeja tanto al resultado de una investigación y éste a un relato? Puede sonar molesta dicha comparación tan abrupta, máxime si estamos acostumbrados a delimitar géneros que en el momento de utilizarlos no se presten a confusiones, sobre todo si lo que pretendo hacer para explicarlo es un ensayo en el que se puede llegar a apreciar lo volátil de esos límites genéricos en el momento de relatar. Pues bien, recurriendo al primer significado de dicha palabra, que alude a un *intento*, voy a intentar expresarlo, a probar una salida o procurar una respuesta a una propuesta.

Empecemos por el principio. Hay que buscar las herramientas para abordar el tema y dar nacimiento a la palabra. Una vez que se piensa en realizar una monografía hay que aclarar:

- ¿Qué sentido tiene investigar?
- ¿Cómo se trabajará al lado de la compleja compañía del conocimiento?
- ¿Cómo se hace para transferirlo de un estado a otro por medio de la investigación?

Para resolver los anteriores interrogantes será de gran ayuda examinar las metodologías de las ciencias sociales –en nuestro caso–, que colaborarán a llevar a cabo el ejercicio investigativo que se adelante. Además, nos hemos podido dar cuenta que, mediante fórmulas equivalentes a procedimientos ya comprobados, se puede escribir MAMÁ, en especial si se tiene en cuenta que la palabra construye imágenes simbólicas, que la una, expresa y las otras explican, ya que la imaginación mediada por la construcción simbólica es la real productora de imágenes narrativas. Eso quiere decir, que se ha meditado en los insumos básicos que abordará "la palabra"; ya tenemos la M y la A.

Superado el primer grado en la adquisición de conocimientos, hay que pensar en:

- ¿Cómo reproducirlo?
- ¿Cómo transformarlo con una función social que interactúe vitalmente dentro de una comunidad, después de conocer un mínimo de la tradición narrativa de la misma?

Allí empieza el problema. Léase bien, digo: empieza el problema, no ese es el problema. ¿Por qué? Porque después de adjudicar los esquemas de tipo conceptual, debemos dar un vuelco de 180 grados en donde impere la relación hombre-conocimiento. Porque unir letras que den como resultado una palabra, una frase o una idea concreta, maleable en nuestras manos y en nuestra boca, está bien, pero cuando se trata de conceptos tan abstractos como cultura, ideología o arte, ¿cómo hacer para lograr sincronizar información con conocimiento? Para ello, la mejor opción es tender a la creatividad, porque siempre será la imaginación la que posibilite que todas las celdas laberínticas de la memoria se recojan y empiecen a tejer la narración, cuando se escucha el tintineo de la palabra y se crea una imagen, el asunto no es la imagen creada, sino la imagen que la imaginación del lector crea y recrea.

¿Qué pasa ahora? Que no basta con ser un genio, ni un sabelotodo, ni siquiera tener un nutrido bagaje de lecturas; tampoco basta con inducirlas, no basta con dar un taller. Se trata de manipular la capacidad de tomar lo que hay en nuestro alrededor y recrearlo, de re-relacionarlo. Para este momento, ya debemos tener un esbozo del tema a tratar, y paralelamente debemos pensar en los instrumentos de los cuales nos vamos a valer. En este punto la intencionalidad narrativa empieza a crear nuevos lazos de correlación. Es decir, a partir de aquí, el primer paso a seguir será pintar el sendero con o sin palabras a partir de los espejismos de la realidad como llama J. Vansina (1968) a los testimonios, y, por tanto, descubrir "la presencia del otro". Esto se traduce en una palabra simple: Escuchar. Escuchar tanto el exterior como el interior, empezando a hacerlo con las posibilidades orales más inmediatas que lleven a la comprensión e interpretación.

- No decir, llevar al análisis.
- No concluir, dejar abierto.
- No determinar, optar por la libertad intuitiva.

Y para cumplir con estas tres aptitudes o actitudes del investigador narrador, tendríamos que preguntarnos cómo "llevar de la mano" (p. 125) –como indica Prieto (1994) cuando se refiere a la relación que se debe establecer con el público radial–, hacia el análisis oral de la realidad, que es la primera estructuración de pensamiento en cuanto al tema se refiere. Entonces, para llegar a una narración oral, cualquiera que sea, hay que pensarla desde la utilización de su lenguaje propio. Para eso especulemos un poco en torno al juego oral de la palabra. ¿A qué nos referimos? Pues, a las diferentes alternativas de análisis que nos brinda a primera vista las manifestaciones más usuales de la palabra y a partir de allí, podemos intuir qué vamos a decir y cómo lo haremos:

- La verdad de la palabra.
- La locuacidad parecida a la verdad.
- La mentira válida.

Cualquier otra interpretación según la situación y el contexto, o la esgrima verbal como la llamaría Daniel Prieto, debe conducir a dejar rodar lo desconocido de la palabra, hasta el punto de poder pensar en el fragmento como realidad y posibilidad de un discurso dentro del cual ella cumpla la función de constructora, reconstructora y deconstructora del mismo, o sea de una idea suficientemente relacionada que no distraiga sus orígenes. Así podríamos empezar a hablar de investigación, en tanto se utilicen distintas sintaxis, atadas con las mismas cuerdas que expresan perspectivas diferentes, ya que la posibilidad oral de autocorregirse en el instante es la misma que posee un relato o una investigación al doblar los tubos de acero que reposan y que sostienen el proyecto, y después ante la inminencia de la realidad se hace uso del "sentido de oportunidad" (p. 126).

A partir de ese momento, se debe tener muy en cuenta que la relación de orden permanente en un proceso creativo e investigativo, se da en tanto se pinte con la boca abierta y los ojos cerrados o con la boca cerrada y los ojos abiertos, alternados según el momento en que se relate, ya que la construcción de sentido que lo imaginario aporta al relato y a la investigación, permite que lo oral subyazca a lo real y a lo virtual en la memoria simbólica de todos, pues, la principal tarea de ella es salvar la memoria descubierta y descubrir la no asimilada. Este es el recurso más usado por el relato y –en mi opinión– el papel vital de la investigación.

Mejor dicho, la importancia de esta relación está dada en la posibilidad que el primero tiene de contextualizar a la segunda, porque relatar finalmente es seguir las huellas del delito que se descubren en una historia policiaca, al igual que se hace en el seguimiento que atañe a cualquier investigación con criterio lógico y sentido común, aunque haya una lógica para todo criterio y no todo criterio pertenezca a la misma lógica.

Ahora bien, teniendo en cuenta que conocer es una actitud, la actitud básica de la investigación, podemos decir que relatar puede ser eso mismo, una forma de disponer el conocimiento. Partiendo de esa postura podemos afirmar que hacer, comprar, aprender y saber no se implican necesariamente entre sí. Pero si hay palabras que implican tanto al relato como a la investigación, y son: ordenar, analizar, observar, correlacionar, concluir, reordenar, indagar, identificar, formular. ¿Cuál es el orden más adecuado? Depende del relato o de la investigación. Cualquiera que sea el orden que escojamos, el buen ojo, ese ojo tan importante en la vida, el sentimiento y el arte, es el éxito del resultado de un relato objetivado o ficcionado que colabora en la comprobación de una realidad.

Entonces la clave es establecer relaciones comunicativas desde propuestas comunicativas (Mata, 1994) tanto en la investigación como en el relato según registro en la siguiente tabla a modo de paralelo entre una y otro, requiere de la atención a los siguientes elementos[2]:

Investigación	*Relato*
Ideas	Temas
Estado del arte Autoevaluar Sondeo Diagnóstico	Describir
Teorizar	Estructura
Método	Sentido de búsqueda
Metodología	Forma – Estilo
Pasos	Narrar
Datos	Detalles
Reacciones Comprobaciones	Desarrollo
Resultado	Relato

Después de observar diferentes momentos que atañen tanto al relato como a la investigación en un orden a disposición del consumidor, trataremos de ver cuáles son las principales características o semejanzas que podríamos encontrar directamente en el ensayo y en el relato:

- Una estructura general que contiene un inicio de la idea o historia, y un nudo en donde se concentran los interrogantes que poco a poco deben ser contestados en el desenlace.

2. La gráfica aquí dispuesta no corresponde a un autor externo, es parte de la disposición explicativa del texto que en su momento produje.

- El elemento mágico existente en cualquier relato, el cual será el motivo que suscite la aparición de símbolos y a su vez concentren la atención de significados varios en el texto.
- El deseo propone la consecución de un algo que llevará al desarrollo de la ficción, es decir, de a dónde se quiere llegar.
- Los vínculos narrativos, centrados en los elementos descriptivos; la imagen que toda explicación debe llevar.
- Los detalles, un recurso necesario para tejer una narración cualquiera que sea su interés.
- La repetición de situaciones, frases o fórmulas que ayuden a explicitar las ideas a comprobar o a contar.
- Los personajes, entre ellos personas, animales o cosas útiles para que las descripciones ayuden a dar forma a las narraciones.
- La tensión es un ingrediente necesario en la actividad narrativa, puesto que sin ella la concatenación de acontecimientos, sería tan sólo la enumeración de hechos.
- El manejo del secreto es el motor de la narración en sí, el cual debe dosificarse para mantener un sigiloso anhelo a lo largo de la historia hasta saber el resultado.

A mi parecer el cuidado en el manejo de estas características en la comprobación de una historia de ficción y una objetiva que desea sustentar un punto de vista de la realidad, puede fácilmente dirigir al relato de una investigación, ya que "un ensayo es un ejercicio de libertad intelectual" (Sontag, 1997, p. 11), en el que podríamos asumir una metodología guía, como en este caso para proponer una posibilidad interpretativa a cotejar en la realidad, desde una óptica más libre, pues el proceso creativo básicamente es intuitivo, es una lógica mágica y una imaginación que relaciona vertiginosamente.

Termino esta prolongada divagación de ideas con dos frases que leí en un ensayo sobre el ensayo, entre las cuales la segunda muy a pesar mío contiene una gran dosis de verdad: "Un ensayo podría ser un evento tan transformador como una novela o un poema" (p. 12), "A veces 'ensayista' puede no ser más que un eufemismo solapado para 'crítico'" (p. 12). Tal vez ese sea el riesgo más próximo que tenga esta propuesta, pero de todas maneras quisiera enfatizar que apelo a la facilidad de investigar en el campo social y especialmente en el literario siempre y cuando tengamos conciencia que uno de los principios básicos de la literatura es narrar, y que la actividad narrativa finalmente es la alquimia entre el sentimiento y la razón del literato o del investigador social en el momento de interpretar una realidad.

Bogotá, mayo de 2005.

1.2. Notificación de la secuencia

A finales de 1999, unos meses después de entregar mi tesis de pregrado, me encontré con Edgar Morin y su idea del pensamiento complejo, y si bien a primera vista la relación entre la complejidad y la escritura literaria no me resultó inquietante, fui consciente que para un lector desprevenido no resulta tan llano descubrir ese vínculo, sobre todo porque no basta con observar el resultado estético, pues la lectura del hecho literario requiere de rigor y tenacidad para observar el trabajo que significa la transformación estética de una idea, compuesta por un elemento intelectual y otro sensorial. Quienes alguna vez nos hemos aventurado a escribir un texto literario, podemos afirmar que la literatura no se resuelve sólo en medio del tránsito onírico, la creación literaria también requiere de la vigilia y la razón, guías insustituibles de su pieza clave, la imaginación. La literatura no está dada sólo por la capacidad de imaginar, también por la capacidad que nos asiste para expandir la comprensión sobre los mundos que cada texto literario perfila en su interior.

De igual forma, para algunos sujetos maximizar el alcance de la razón sobre lo real resulta ser una actitud en apariencia suficiente. Sin embargo, en el caso de la escritura ficcional, existe una necesidad paradójicamente lógica de patinar en paralelo con lo real, si se tiene en cuenta que los pensamientos parten tanto del dominio racional como del dominio multisensitivo. Así, desde el mismo instante en que una historia narrativa se gesta aparece la sumatoria entre la intuición y la razón, convirtiéndose en una suerte de intuición intelectual razonada, a modo de sensor racional de las sensaciones que fundamentan desde diferentes ópticas de análisis el conocimiento sobre la realidad; una especie de superposición que conjetura la aparente irracionalidad literaria, a través de la no tan inusitada ficción que en un texto se despliega.

En tanto eso, comienza a tomar curso la complejidad inscrita en la realidad narrada, como elemento unificador entre la realidad que se narra y la forma a partir de su articulación intrínseca; actúa como un modo analítico que observa, objetiva y dictamina una explicación sobre la realidad para involucrar aristas incluso distantes unas de otras. El ascenso gradual de los pensamientos simples hacia los complejos permite generar un camino progresivo para establecer relaciones que procuran conectores, y posteriores derivaciones; convirtiéndose en una situación ideal en la cual deviene la narración de una historia o un conjunto de ellas según sea su aliento, la esencia en que cada individuo dispone sus razones según la progresión de sus pensamientos y su propio *imprinting*. De suyo la visión compleja es sólo otra cara de la moneda ficcional, la complejidad como una categoría analítica de la realidad que rige al pensamiento como una secuencia impresa por la diversidad de formas que se complementan, la misma que acoge la ENC, pues cada fracción del análisis se convierte en un propulsor del ejercicio narrativo: en él la distinción, se asume como el punto de la ignición plurivalente para leer la realidad.

Por eso, quienes alternan con la práctica que conduce a un producto narrativo, realizan una maniobra unificadora mediante la asociación compleja, ya que su sentido interno corresponde a una "autoorganización" (Morin, 1990, p. 24) entrópica, que incorpora con versatilidad aspectos cuyas fuentes parten del azar, la ambigüedad, la contradicción, la imprecisión, incluso el caos, según los argumentos que van construyéndose con el fluir de la historia para caracterizar una estructura articulada por el carácter asociativo.

De ahí que el primer peldaño al que alude *La palabra-imagen* consiste en:

- Todos los géneros académicos también son formas de narrar.
- Lo narrativo no necesariamente debe utilizar un lenguaje literario, debe tener un nivel de creación, sin convertirse en un género literario.
- El acto de narrar empieza por determinar sobre qué se quiere escribir, porqué y cuál es el objeto de escribir sobre ese tema.
- La memoria ayudará a perseguir la nueva realidad planteada.
- La imaginación es el primer paso de la argumentación.
- La literatura argumenta multidisciplinarmente.
- Debe haber una reflexión constante como búsqueda ensanchada, muy seguramente de proveniencia disciplinar variada.
- La lectura de obra una obra comienza a ser según la perspectiva de análisis de cada lector. Por ejemplo, *Crimen y castigo* de Dostoievski según los matices de análisis puede convertirse en una historia sobre: la ética, la venganza, la espera, la política, el régimen judicial de una época, la injusticia social, correspondiente a una escuela económica... y cualquiera de esos enfoques analíticos disciplinares nos dará razones para pensar sobre el género humano.

1.3. *La clave de un nuevo tiempo:* El acuerdo

De manera inusual el muchacho ofreció una taza de té a su abuela, y durante los escasos minutos en que él se dedicó a la tarea, se armó un zafarrancho incomprensible en la sala. En repentinas y repetidas frases sueltas, la voz de la agüe Ana comenzó a anunciar por toda la casa lo que parecía un descubrimiento. Con cada frase el volumen de su voz iba en progresivo ascenso y en pocos minutos fueron gritos de estupor.

— ¡Oh, por Dios! ¿Cómo no lo había pensado? ¡Ahora lo veo claro! ¡Todo contiene todo! ¿Me escuchas Felipe? ¡Claro, todo contiene todo! ¡Lo encontré! ¿Logras comprender lo que te digo?

Fueron instantes alucinantes en que ella trató de retener en la memoria soplos de eternidad. En esos segundos inciertos sus ojos se convirtieron en péndulos extraviados al vaivén de sus especulaciones. El relampaguear de sus razonamientos me dejó saber que otra persona más en este mundo comprendía mis ideas ya recubiertas por el polvo de los años, pero el entusiasmo traslúcido en su mirada me permitió constatar la vigencia que aún guardan, tan actuales como sonaron en aquella primavera de 1905.

Entre suspiros ahogados Anaagüe demandaba la presencia de su nieto, pero él atareado en la cocina, intentaba contrariar la actitud más frecuente en la mayoría de los adolescentes, la incapacidad de atender a otro. El alboroto que armó su abuela fue tal que pasó por su mente la fugaz idea de correr a la sala, aunque se contuvo, en ese momento no podía apartar los ojos del agua a punto de hervir. En un esfuerzo por satisfacer el llamado agobiante de Anaagüe, alternó su atención con intermitentes espasmos visuales que repartía entre las frases delirantes provenientes de la sala y las burbujas en formación adentro de la olla. Después de unos minutos, los clamores de su abuela volvieron a comenzar y su llamado desesperado armó tal algarabía que fueron imposibles de obviar. Le tocó servir el agua de hierbas sin dar tiempo a que la infusión tuviera mejor efecto, tomó los pocillos y corrió tan rápido como pudo cuidando de no quemarse. Al llegar a la sala quedó inmóvil con las dos tazas humeantes en sus manos, su abuela como una demente balbucía las mismas frases una y otra vez, mientras caminaba de un lado a otro y batía los brazos como una guacamaya bendiciendo la lluvia.

Al descubrirla en ese estado se sorprendió, esa reacción no era propia de ella, solía ser una mujer contenida en sus opiniones, y no era dada a la profusión de afectividad, solía decir: "La zalamería o cualquier otro exceso no traen nada bueno, porque con frecuencia disfrazan lo que en realidad se pretende expresar"; su carácter parco no admitía reacciones excesivas ni desbordadas en caso de dar una explicación cualquiera que fuere, ni siquiera la manifestación emotiva más compungida, o en su defecto, más estrepitosa, lograban conmoverla o perturbarla, si acaso incomodarla. Por supuesto la exaltación de la que era presa en ese momento resultaba más que extraña casi estrambótica, inaceptable para el grueso de las reducidas formas en que ella podría llegar a concebir cualquier estado de excitación.

Segundo a segundo, los incesantes aleteos se convirtieron en susurros entrecortados, giró hacia el inmenso ventanal y sus ojos se abrieron camino en el espeso bosque, posó las manos sobre su boca entreabierta y luego de exhalar un gran suspiro descolgó los brazos indefensa. Se volvió hacia su nieto quien seguía observándola con el ceño anudado de preguntas, sin entender qué sucedió durante el poco tiempo en que permaneció en la cocina distraído entre la candela, el agua y las hierbas. De repente la abuela Ana posó las manos sobre la cadera, tomó aliento y escrutó el rostro del muchacho en cuyo gesto campeaba indefensa la incertidumbre, para él no resultaba tan clara la explicación que ella insistía en proclamar sobre su reciente descubrimiento. Caminó hacia su nieto sonriendo, un brillo suspicaz en los ojos trasmitía la ebullición de pensamientos que parecían aclararse en su mente a cada paso. En ese brillo reconocí una sensación que en muy contadas ocasiones me fue familiar, fugaces instantes en que gracias a tenues soplos de entendimiento pude percibir la viva idea de contener toda la comprensión del universo en mi mente.

— ¿Te das cuenta de lo que dije?

— No, ni siquiera te escuché bien, o bueno, si escuché, algo sobre Dios y sobre un todo, ¿no me digas que ahora me pondrás a rezar?

— No, no se trata de eso –contestó esquiva ante las palabras de su nieto. Lo miró fijamente, perdida en un nuevo pensamiento que la conducía más allá de los ojos de Felipe. Unos instantes después regresó y comenzó a articular sus ideas–. Pienso.... No, estoy segura..., que ahora sí podríamos intentar eso que juegas con tus amigos.

— Abue, llevas varios días diciéndome que sería inútil intentarlo contigo. ¿Por qué de repente cambias de idea?

— Sí, sí, ya lo sé, pero insisto este es el momento. Intentémoslo ahora.

— ¿Estás segura?

Ella a diferencia de su nieto estaba segura de que ese juego se convertiría en una fuente de valiosa información sobre el personaje que su nieto debía investigar.

Resignado, admitió que no podría distraer la propuesta hecha por su abuela. Aún incrédulo sobre si debía ponerla en marcha, con paso lento caminó al altillo, y sin dejar de atisbarla con furtivas miradas, pensó que no tenía cómo evitarlo. Cuando al fin puso sus dos pies en el último escalón, se tomó unos segundos para observar la imagen del afiche que pegó en la pared de manera improvisada el día que llegó a la cabaña.

Un repentino alumbramiento encendió la mirada del chico al recordar el instante en que todo comenzó... En él estaba yo, con los pelos de punta como de costumbre, con el espeso bigote que nunca me abandonó, la mirada triste que no lograron cambiar ni las más alegres noticias que de vez en vez se colaron en mis oídos, y con el suéter gris ratón, mi preferido. En un extremo del papel rezaba una frase en la cual creí casi con fiereza a pesar de los sinsabores que me trajo: La paz es una responsabilidad moral que ningún hombre consciente puede dejar de lado. Seguida por mi nombre Albert Einstein y las dos fechas que delimitaron mi vida 1879–1955.

Se trataba de un afiche que Felipe había visto durante meses en una litografía ubicada en La Calle de la Imprenta, la misma callejuela estrecha que conduce a su colegio, en ella sobreviven unos pocos locales de papeleros donde se encuentran piezas poco frecuentes. En esa calle pervive una litografía, una rareza en su género con máquinas tan antiguas que el rechinar del pedal es apenas un ruido más de los muchos que emiten en su trajín. Al pasar cada mañana frente a la vidriera, Felipe se detenía unos segundos para releer la frase inscrita en la esquina izquierda de aquel papel colgado como al descuido en la pared del fondo, luego detenía su mirada en la mía, y seguía su camino. Después de un tiempo, dejó de detenerse, caminaba lento frente a la vidriera y levemente volvía su cabeza buscando mi imagen mientras en su mente recordaba la frase. Uno de tantos días, antes de llegar al local, atisbó en el bolsillo del pantalón hasta reunir en su puño las monedas que llevaba. Entró al establecimiento, se distrajo por unos instantes con el engranaje entintado de las máquinas del lugar, abrió la mano en un solo movimiento y dejó caer su contenido sobre el mostrador, una tras otra resonó sobre la superficie metálica cubierta por infinitas manchas de tinta, registro indeleble del paso de los años, y sin mediar palabra señaló la pared al dependiente.

Con sus ojos clavados en los míos atravesó el altillo, el lugar estaba rodeado por una hermosa baranda de maderos torneados, luego posó su frente entre el espacio de dos de los maderos. Esa era su ubicación preferida, desde allí podía acechar a quien se encontrara en la sala, o avistar casi toda la casa sin ser descubierto. Aprovechó para contemplar con sigilo a Anaagüe, pasados unos minutos se inclinó sobre el borde superior de la baranda y preguntó:

¿Estás segura, segura?

El muchacho despegó con cuidado el afiche en que me encontraba, y lo reubicó a unos centímetros de la baranda. Al cambiarle de lugar me permitió obtener un lugar privilegiado, desde la nueva ubicación me dio dominio visual de toda la casa. Todavía un poco confundido por la propuesta de su abuela, Felipe recordó que apenas unos días atrás no pudo conseguir que ella y su padre se interesaran por el juego que él pretendía enseñarles, y no importaron los ardides mentales que utilizó para hacer más comprensible su explicación, sus esfuerzos resultaron por completo insuficientes, y claudicó ante la inquebrantable posición de su padre: "Aunque parece muy interesante, los quehaceres de la escuela requieren concentración y es mejor no interrumpirlos con juegos. Es posible que lo intentemos en otra ocasión". Pero ahora, después de escuchar la petición de su abuela Ana, notó con sorpresa cómo aparecía la recompensa a su esfuerzo anterior.

Un melodioso silbo acompañó el crujir de las bisagras de la puerta de entrada, y la mujer respondió de la misma forma sin abandonar lo que hacía, trataba de arrancar un tímido jugueteo a Don Eugenio que al oír el saludo en un solo movimiento se incorporó expectante. El muchacho asomó medio cuerpo por encima de la baranda, saludó a su padre con una arqueada de cejas y un "¡Hola pá! ¿Quieres jugar?". Miguel se descalzó y contestó entusiasta "¡Va pa'esa!". Felipe, agachó la cabeza y guardó para sí una sonrisa. Tanteó por encima del rebujo de su escritorio hasta encontrar algunas hojas en blanco. Al bajar se detuvo en medio de los muebles, inspeccionó fugazmente la mirada dispuesta de quienes serían sus compañeros de juego, y procedió a organizar los instrumentos necesarios sobre la mesa de centro. Sin mediar palabra comenzó a hacer un diagrama ininteligible, luego anunció que debían crear personajes venidos de mundos desconocidos, y la necesidad de definirlos antes de iniciar el juego, creándoles perfiles particulares. Una vez creados los respectivos perfiles debían apropiarlos, "volvernos el personaje, como en el teatro", acentuó, ese debía ser el requisito principal, y de no hacerlo así, la acción de ese personaje quedaría inválida dentro de la historia que se hubiera conformado. Miradas de ida y vuelta se cruzaron entre Anaagüe y su hijo, el silencio inundó la sala, a juzgar por el gesto que sus rostros revelaron, su situación era igual a la mía. Felipe fingió no darse cuenta y procuró explicar con más detalles las reglas del juego, pero a pesar de su esfuerzo no entendí con claridad, a decir verdad, ninguno de los tres adultos presentes logramos hacerlo. Alcancé a entender que debíamos convertirnos en estos seres venidos de no sé dónde, a manera de obra teatral o algo así. ¿Se estarán preguntando porque hablo en plural? Pero no creo que resulte difícil imaginar que no pienso perderme de nada de lo que aquí se diga o se haga, sobre todo porque en cada una de las acciones del juego yo estaré involucrado. Anaagüe algo extraviada, alzó la mano y dijo: Tapo. En esta ocasión su nieto inclinó su cuerpo hacia delante, ladeó la cabeza, arqueó las cejas, y alertó sus nervios auriculares para escuchar mejor.

— Quise pedir una pausa, así se decía en mi época cuando jugábamos a la 'lleva', a 'ponchados', a... esos juegos que los muchachos de hoy ya no conocieron. Necesito que me expliques con calma todo eso de lo que hablas.

Con ilusión en la mirada, al notar el interés de su abuela recogió el lápiz de la mesa, y retomó sus líneas, pero se detuvo nuevamente y pensó en voz alta:

— ¡Pilas, por favor! –enfatizó el muchacho mientras golpeaba levemente la mesa con la punta del lápiz.

— ¿Te refieres a que podría hacerse menos extenuante si atendemos a tu explicación?

— Anaagüe, ¿qué vamos a hacer tú y yo? –dijo mientras lanzaba una mirada suplicante a su abuela–. Para las próximas vacaciones prepararé un diccionario y tendrás que aprendértelo de memoria y así no habrá entre nosotros palabras raras que puedan dar pie a interpretaciones que nos confundan –meditó por un instante y resolvió agregar detalles a su explicación anterior–. Una vez escojan las características físicas de su personaje, deben asignarles la procedencia y las habilidades que ustedes quieran. Después tendrán que interpretarlo porque son ellos quienes hablarán, actuarán, y decidirán el camino de la historia que entre todos armaremos, y una vez comencemos nos moveremos en esa nueva realidad a partir de cada palabra o acción que diga o haga.

Después de esa explicación, creo que será importante dar un paso antes.

No debemos posponer más la visita que hemos postergado en estos días. Estoy segura de que será de gran ayuda para hacer tu tarea.

Él por su parte no dudó en decir y repetir "¡Vamos a perder el tiempo!", mientras se dirigía a su habitación con toda la parsimonia de la que fue capaz. "¡Perderemos el tiempo!", repitió al volver con los zapatos en la mano, casi listo, pero con una leve esperanza de que su abuela se hubiera arrepentido de salir. "Podríamos idear otra cosa que no sea perder el tiempo yendo a ese sitio, ¿no crees?" La abuela Ana no respondió, se limitó a mirarlo con una mueca bien conocida por él, no significaba otra cosa que: Aunque lo repitas hasta el cansancio, no me convencerás de lo contrario. "¡Ya sé, no hay nada qué hacer!", concluyó resignado.

En el instante en que Don Eugenio notó los movimientos habituales previos a un paseo, se deslizó sigilosamente entre los muebles y fue el primero en aguardar frente a la vieja camioneta de Anaagüe; cuando Felipe abrió la puerta, de un brinco Don Eugenio se ubicó en el asiento del copiloto y el muchacho debió entender que su lugar sería en la silla de atrás. Camino al pueblo con su distintiva forma malhumorada y ermitaña de ladrar, ahuyentó a todo ser vivo que divisó desde la ventana. Anaagüe lo atisbó en silencio por el rabillo del ojo.

Se detuvieron en frente de una casa maltrecha, Felipe inspeccionó con desdén la fachada de la casa, respiró profundo y con algo de resignación se dispuso a entrar seguro de que en ese lugar no encontraría libros de su interés y mucho menos sobre el tema que buscaban. Pero para su sorpresa, los estantes de aquel sitio tenían ejemplares que envidiaría cualquier tienda de libros de una gran ciudad. En los viejos anaqueles halló maravillas represadas por años en tomos que nadie había tocado; recorrer los pasillos atestados de libros les llevó horas, pudieron escoger con suma tranquilidad según la apetencia e interés, y cada uno salió con varios volúmenes bajo el brazo.

Durante diez días la cabaña de Anaagüe se convirtió en un lugar donde sólo se escuchaba el chasquear de las hojas de los libros consumidos hora tras hora, se volvieron seres taciturnos, silenciosos, lectores voraces. Los observé largos ratos, hasta llegué a pensar que eran parte del mobiliario o acaso fotos inmóviles como yo. De vez en vez Don Eugenio se acercaba, recostaba con suavidad su cuerpo a uno de ellos, pero apenas si se enteraban de su presencia y en una que otra ocasión conseguía una caricia fugaz. No comprendía que sucedía, era una situación difícil de sortear para el habitante más respetado de la cabaña. Desde que puso una pata sobre la propiedad de su dueña hizo lo indecible para que ella y quienes la rodeaban entendieran de una buena vez que no se trataba tan sólo de una mascota perruna, sino que su peluda presencia merecía respeto, y aunque le tomó un tiempo, logró hacerse a un nombre significativo, ni más ni menos era Don Eugenio, nadie en la casa tenía ese apelativo de respeto y reconocimiento constante. Sin embargo, las circunstancias le obligaron a buscar una explicación, pero los resultados fueron infructuosos. Decidió pasearse por los pasillos con menos regularidad, a la espera de que al menos su dueña lo extrañara, incluso ensayó a dulcificar la mirada, pero después de muchos intentos fallidos, comprendió que ninguno de sus tanteos arrojaba resultados. Durante diez días, todo cambió, y no le quedó más remedio que aguardar en silencio. En la tarde del día once según las cuentas de Don Eugenio, Felipe hizo sonar estrepitosamente la tapa trasera del último libraco que tenía para leer.

— Agüe, han sido días de lectura extenuante para hacer mi tarea, ahora debo dedicarme a escribir, ¿no entiendo por qué propones jugar?

— Esa es una acertada escogencia de palabra, ¡extenuante!, ¿ves cómo sí se puede?

— No me queda más remedio, con tal de no oír la interminable lista de sinónimos con que me cantaleteas cada vez que digo algo –ella guardó silencio y obvió la respuesta con una tenue sonrisa.

— Bueno, ya. Vamos a dejar de lado el extenuante trabajo –dijo ella fingiendo la voz ronca que por ratos atronaba la garganta de Felipe–. ¡Se acabaron las exhaustivas jornadas de lectura! Ahora quiero saber cómo se juega.

— Vientos –respondió él entusiasta.

— Supongo que quieres decir...

— Lo siento Agüe, quise decir que estoy de acuerdo, me gusta tu idea.

— Sí, sí, entiendo, tampoco soy tan... "Lenta", ¿dirías tú?

Al escuchar la palabra que surgió de la boca de su abuela los dos se miraron suspicaces y cómplices.

Aunque... –pensó largamente y decidió advertir–, este juego es largo, en ocasiones puede durar varias horas o tardar días para resolverlo y ya es tarde. ¿Qué tal si lo iniciamos mañana temprano y mientras tanto podríamos pensar en los personajes?

— Sí, estoy de acuerdo. Mañana, estaré más descansado y pondré mis cinco sentidos a tu servicio –dijo Miguel haciendo un movimiento reverente a su hijo.

— Totalmente de acuerdo se encuentra vuestra abuela. –respondió Anaagüe, inclinando su cuerpo.

Felipe empezó el día con una sonrisa al evocar los días anteriores. El recuerdo de Anaagüe exaltada por la comprensión que obtuvo sobre la física del universo no daba fin a su asombro, no entendía cómo esos mismos ojos que lo contemplaban con delicado afecto detrás de un gesto gruñón, pudieron llegar a semejante conclusión sobre el universo. En tanto repasaba las imágenes de la repentina conversión de su abuela, apareció intermitente en su mente la cara de Pepe, el mono que en su niñez habitó los pasillos externos de aquella cabaña, y ahora los pasillos de su memoria. Durante sus años infantiles, Felipe observó una situación que nunca pudo definir del todo; la pasión que en Pepe despertaban los cristales de aumento. Cuando Anaagüe se veía en la obligación de cambiar los anteojos, una compra recurrente, porque ella solía perderlos con bastante regularidad, aunque cada vez insistía "deben estar refundidos, porque a mí no se me pierde nada"; y tenía razón porque tiempo después de extraviarlos, de los sitios más extraños reaparecían, eso sí, en un lamentable estado, producto de alguna desenfadada sentada sobre el sofá, o al sacudir algún mantel bien doblado y guardado en el armario de linos, salían volando por el aire las gafas que meses antes se le habían refundido, de manera que la lente que resistiera el golpe de la caída o el peso de quien se sentara encima, iba a parar a manos de Pepe, convirtiéndose para él en el más grandioso obsequio. Mirar a través de la lente lograba sacarle largos chillidos de felicidad y asombro; después de un rato la emoción se transformaba, y un largo monólogo comenzaba. Sus observaciones a través de esos cristales le significaban un temor fascinante, entre risas y temblores se tornaban en descubrimientos que le exigían atención por largas horas, hasta llegar al agotamiento después de excitantes revelaciones. Días después algún infortunado descuido ponía fin a la diversión por un tiempo, el tiempo en que Anaagüe tardara en perder de nuevo sus anteojos, otra oportunidad que daría cause a las meditaciones hilarantes de Pepe.

Felipe habría ofrecido lo inconfesable por saber lo que atravesaba por la mente del animal, y cuáles eran sus descubrimientos cada vez que miraba a través de aquellas lentes. Siempre será una incógnita llegar a saber cuál era el embrujo que no le permitía apartarse del goce de husmear su mundo por medio de las lunas de unos lentes inservibles. El recuerdo de cómo a Pepe por instantes se le abrían las compuertas a una nueva realidad cuando sostenía entre sus dedos ese pequeño vidrio transformando su mirada, fue suficiente para arrebatarle una última sonrisa e indicarle que era el momento de dar comienzo al juego.

Don Eugenio se encargó de despertar a Miguel y a Anaagüe, se echó en el sitio exacto entre las dos habitaciones y comenzó a emitir un peregrino sonido. Ninguno logró advertir de qué se trataba, era claro que no se trataba de una urgencia mañanera o de hambre, sino de algo diferente, ese inescrutable sonido logró desasosegar la casa entera y la intriga superó la pereza de sus habitantes. Aún soñolientos casi chocaron en el pasillo, el perro siguió emitiendo aquel sonido indescriptible mientras los condujo a la planta baja. Encontraron a Felipe sentado en el centro de la sala, a su lado una bandeja con frutas y té, rodeado por un arsenal de libros, hojas, datos, listo para el viaje. En esta ocasión reafirmó a manera de revelación la importancia de tomar en serio la idea de creerse un personaje, y de cómo a partir de ese momento la responsabilidad en la construcción de la historia sería conjunta. A riesgo de sonar reiterativo, él sabía que al ratificarlo se convertiría en la razón para llenar de expectativa e incertidumbre a los jugadores.

Un incesante cruce de miradas fue el único movimiento que se percibió en la sala y ante tal situación cifré mis esperanzas en Don Eugenio quien escuchó todo con atención inusitada en un canino. La disposición corporal de Miguel exhalaba el esfuerzo que se imponía para extremar su atención a las palabras de Felipe, al tiempo que en su memoria repasaba las veces que con vehemencia su hijo le prohibió acercarse a la mesa del estudio, repleta de los datos y residuos de un juego inconcluso entre sus amigos del colegio; y ahora, sin más, haría parte de todos los secretos de ese extraño juego que en ocasiones anteriores redujo su presencia al simple objeto de una despiadada segregación.

El chico trató de enfocar en lo alto mis ojos fijos en él o en cualquiera que detallara mi imagen estampada en el papel, y luego de pensarlo por unos instantes intuyó la necesidad de hacer un nuevo acuerdo para poner a funcionar la idea que tuvo el día anterior, y así dirigir el juego hacia el conocimiento que cada uno tenía sobre el personaje de la investigación, aunque para lograrlo sería fundamental la repartición de diferentes aspectos de mi existencia y con eso trazar mí espectro. Propuso entonces un acuerdo, debían convertirse en informantes de las lecturas que realizaron, con plena libertad para escoger los recursos que consideraran necesarios desde sus personificaciones. Le pasó una hoja a cada uno, y les indicó tajante: En ella deben señalar las características que definirán a nuestros personajes, recuerden que una vez lo hagamos, se harán parte de nosotros, y esas nuevas personas en que nos convertiremos deben mostrar nuevos ángulos sobre el tema.

Después de hacer esa enmienda, con algo de sorpresa notó que sin percatarse y sin haber puesto fecha de inicio el juego había comenzado desde el mismo instante en que salieron a comprar los libros para documentarse sobre el tema, y ahora las lecturas previas les facilitaría la tarea de asimilar un rol individual para tratar al personaje central. Desde ese instante fui presa de la curiosidad, porque nada resulta tan divertido como la transformación que sufrimos al encontrarnos dentro de un juego como este, en que la forma se nos acomoda a nuestro tacto para descubrir que aquel que decimos ser, es alguien que no reconocemos, porque es la piel que ese extraño requiere, esa que con frecuencia se convierte en el saber mismo que aparece sólo ante una inédita personificación. Decir que valdría la pena alquilar balcón sería una redundancia, yo me encuentro en él y Don Eugenio es propietario de uno permanente.

Sin que mediaran más palabras, Don Eugenio comenzó a dar vueltas en torno a ellos cada vez más a prisa, al punto de la desintegración. Cuando sus revoluciones concéntricas comenzaron a calmar la velocidad, tres extraños se encontraron observándose con mucho recelo, el aspecto físico de todos se había alterado notoriamente, la diferencia era tal que llegaron a dudar si sus pensamientos correspondían a la disparidad material de la visión que cada uno recibía. Comprendí entonces que fue necesario restaurar la energía del juego para desencadenar una dimensión distinta entre los tres.

Felipe observó con detenido interés a la extraña mujer que apareció a su lado, pensó en su abuela, que hacía apenas unos instantes ocupaba ese espacio, pero no era posible confundirla con ese ser menudo y ligero, una curiosa visión. Había en ella algo muy similar a su abuela de las últimas horas, y lo reafirmó cuando esta señora comenzó a deambular por toda la sala a tal velocidad que sólo los ojos eran capaces de seguir el ritmo de su cuerpo, mientras su boca profería una considerable cantidad de preguntas que al parecer con formularlas le era suficiente, porque no parecía tener interés en responderlas. A pesar de la diferencia corporal, había una clara relación, esta mujer es poseedora de una prodigiosa agilidad mental que además rige su desplazamiento en el espacio, es suficiente con que su boca comience a emitir palabras para que al ritmo de ellas sus pies leven anclas del piso, y cada desplazamiento se convierta en la fuente de emisión de continuos interrogantes, uno tras otro. Los produce a ritmo tan vertiginoso como la escritura del lápiz que porta entre sus dedos nerviosos, un juguetón insaciable que tiñe el aire de color púrpura en cada trazo, haciendo visibles, pero en reducidas ocasiones, comprensibles los pensamientos que habitan la cabeza de su dueña.

El chico, y bueno yo también, debo confesarlo, terminamos por relacionar la flameante cabellera roja de este ser quisquilloso y veloz con la permanente ebullición de ideas que parecían manar de la cabeza de su abuela días atrás. Con el paso de los minutos pudimos observar que esa singular analogía se relacionaba conque Anaagüe ahora la señora Lotenz es originaria de Techno conocedores de los eventos científicos que acontecen en toda la anchura de la galaxia. Poseedora de la particular habilidad de explicar los más definitorios procesos pertenecientes al campo de la física en buena parte del universo. Con ello reiteró lo que a ninguno de nosotros le genera duda, que ella es un personaje muy particular en cualquiera de sus versiones.

Durante algunos instantes nos quedamos perplejos observándola, y al salir del estupor que nos produjo, viramos la mirada, y nos encontramos con dos largas piernas, que, al terminar de recorrerlas, nuestros cuellos se estiraron tanto que el cráneo de cada cual comenzó a rozar las primeras vertebras de la columna. Flew Flew, personificado por Miguel. Oriundo de Draguns, según dijo. Descendiente de una vasta línea de sangre descastada en su sociedad durante el último milenio. Contó que una vez se impartieron, los nuevos planteamientos sistémico-prácticos en la formación básica para las nuevas generaciones de dragunsianos, su mundo sufrió alteraciones tajantes, cada vez fueron menos las personas que desearon hacer uso del saber que a sus predecesores ocupó como guardianes ancestrales del sentimiento ideal y la imaginación conceptual, materiales esenciales en la cimiente del ser dragunsiano durante milenios.

Según él, la razón que se esgrimió para justificar ese cambio abrupto en su manera de pensar y de concebir el análisis de la realidad tuvo que ver con la evidente inexistencia táctil de la actividad filosofante, unido a la frecuente alteración del ritmo cardíaco que produce a la gran mayoría de quienes la escuchan, debido a sus difusas disquisiciones retóricas que por lo general desentonan con el presente en que las manifiestan, convirtiéndose en un serpenteante escozor corporal que inquieta, distrae y termina por aburrir a los oyentes. Suele pasar que mientras exponen sus polémicos razonamientos, a los pocos que acceden a complacerlos, entran en un estado de suspensión temporal, con la mirada fija en algún punto indefinido ante el aparatoso despliegue de prosa por el cual profesan un ilimitado deleite. Y, claro no es que eso haga menos admirable el hecho de cómo Flew Flew o sus iguales son capaces de sublimar una realidad a través de interminables parrafadas, el problema consiste en que no siempre están provistas de elocuencia, y eso se exacerba al notar su extrema delgadez y su monumental altura corporal, en contraste con la medida de la anchura retórica.

Como era de esperarse, a Felipe sus compañeros le fueron extraños a primera vista, pero se adaptó con rapidez. Habitante de Arenuliz, un mundo donde aman la acumulación atropellada de información. Su genética es compartida entre la terrícola de su padre y la arenuliziana de su madre. El profesor Martínez, según se presentó, es especialista en coleccionar pesquisas sobre prácticas personales y colectivas de sus coterráneos, creo entender después de escucharlo que se refiere a lo que en la Tierra llamaríamos un historiador, memorialista, incluso erudito, aunque en el siglo actual bien podría equipararse con una inusual base de datos. De estatura distinguida, un extraño atractivo, modales inmejorables y vestir pulcro, con la suficiente gracia social como para disponer una conversación apropiada para cada persona.

Una de sus sorprendentes habilidades consiste en que, con un giro inesperado de su cabeza, puede observar el pasado e intercalar en cuestión de segundos diferentes visiones de un mismo hecho con un enfoque *sui generis* sobre el comportamiento humano, como quien rebobina y edita al unísono una cinta que se proyecta en el mismo momento presente de otros. "No me permito, ni permito a nadie que me rodee, aquello que mis colegas llaman los inconmensurables lujos que a mi oficio podrían otorgar las quimeras de otros. Para mí es simple. La particular amalgama fantasiosa que el universo produce en algunos resulta decididamente valiosa en tanto se convierta en productora de hechos concretos, aquellos que son el objeto de tantas horas de estudio en mi vida. En mi opinión la fantasía no figura como eje unificador de hechos, de tal forma que mi interés sobre esta versión del pensamiento humano, no me cautiva. Aunque deben entender que, dentro de mi rotunda manera de concebir la vida, como aseguran quienes me conocen, guardo un lugar donde la fantasía cabe en su justa medida a partir de una concesión funcional, soy capaz de reconocer su función decorativa y por eso mismo su carencia de propiedades prácticas. A fin de cuentas, su tiempo de funcionamiento es fugaz, porque ella encuentra su mayor patrocinio en la mente de los infantes, los mismos que al crecer se encargan de encapsularla, y enviarla a su inexorable destino, dispuesto en un recodo innombrable de la memoria. Ahí radica la ineficacia de darle más importancia de la que se merece".

Después de escucharlo, no me aventuro si afirmo que conversar con él podrá resultar ensordecedor, pero también presumo que bastará con buscar la forma de volverlo a la realidad, y según observé por su actitud el sombrero puede ayudar. Mientras lo escuchábamos, en dos ocasiones aventó su sombrero de copa al aire y de inmediato como un acto reflejo hizo un giro inesperado en la misma dirección del sobrero, y en un solo movimiento volvió a ponerlo sobre su cabeza. "No debe haber sombrero sin cabeza" dijo para sí y continuó mascullando ideas, divagaciones, conjeturas o afirmaciones en las que este sujeto que hilvana datos por doquier encuentra verdadero remanso.

El renovado Don Eugenio, de peludo paso a ser chuzudo, su pelaje se convirtió en una suerte de alambres de un material inerte, maleable, pero de resistencia impenetrable. Su cambio físico trajo consigo un ademán bonachón, hilarante y desconocido por su antecesor. Antrux, es de talante comprensivo, respetuoso de sus congéneres, pero enfático, la única de las facultades que no cambió en esta nueva versión canina de Don Eugenio, ajustada a su nunca bien ponderada habilidad para hacerse entender a pesar del pertinaz silencio inherente a su compañía. Al sentirse tan distinto al original, Don Eugenio, se posó frente al ventanal, sus ojos se internaron en el reflejo de su nuevo estar para descubrir su hechura. En la medida en que fue descubriendo diferencias comenzó a desplegarse la irritabilidad habitual de Don Eugenio, pero la mirada sonriente de su nuevo compañero de viaje le salió al paso recordándole que minutos antes fue el encargado de la nada fácil tarea de dar inicio al proceso de transformación de todos. De manera que en tanto el juego siga ninguno podrá aislarse de la condición física, psíquica y genética de estos inesperados habitantes de nuestro universo.

Capítulo 2.
Manifiesto de un hallazgo

Quizás la premisa central para la realización de este libro consistió en reconocer que una de las grandes preocupaciones de la Literatura en la Modernidad fue el artificio y en la Posmodernidad la diversidad interpretativa. La unión de esos dos ángulos interpretativos me condujeron a pensar que adoptar la ficción como lenguaje primario de un trabajo académico no constituye una imposibilidad epistémica; al contrario, refleja una secuencia historiográfica sin antagonismos, permitiéndome en este caso desplegar una estructura fractal[1] en cada capítulo, para ensanchar el devenir discursivo a través de la reiteración estructural; convirtiendo el avance en cada instancia narrativa en una continuidad complementaria entre épocas epistémicas.

La segunda fase narrativa de *La clave de un nuevo tiempo* opera a partir del acuerdo hecho por los personajes para ingresar al juego, instituyéndose el derecho a reconstruir y a recontextualizar la historia que se investiga tanto adentro como afuera del juego. El interés temático de los involucrados en la investigación crea la narración ficcional como una estructura investigativa autoconsciente, un camino pedagógico para el conocimiento compartido, en el cual cada personaje cuenta desde diferentes ángulos comprensivos un aspecto del tema objeto de su investigación, permitiendo notar cómo afloran algunos paradigmas del conocimiento y sus respectivos quebrantos; a través de un nuevo estatuto para quienes intervienen en la búsqueda se descubran como autores, constituyéndose en la puerta giratoria entre la verosimilitud y el tino investigativo complejo, un péndulo metaficcional interno que sin duda

1. Si partimos de que un Fractal es una progresión aritmética que contiene un patrón y se visualiza a través de una figura geométrica; en este texto a través de la heteroglosia de tres enfoques discursivos se produce una frecuencia palmaria por la reincidencia del patrón que conforma su todo estructural.

parte de la pedagogía práctica en la escritura propuesta por *La palabra-imagen.*

De ahí que en este capítulo se abre una compuerta a otra forma de conocer, en la cual la investigación inicial se convierte en relato gracias a la autoconciencia del autor sobre su universo diegético que lo conduce a una acción metaficcional constante, abriendo paso a la paraficción interna que envuelve tanto a los personajes-actores del relato como a su autor, de modo que la ENC insufla la INC.

2. ENC, POÉTICA DE LA INC

Practicar la INC (Investigación Narrativa de Creación) no resulta tan sencillo como parece, porque igual que cantar en público acarrea tensiones en torno a cómo soy visto, máxime si se parte del paradigma sobre qué es ser escritor o qué es ser investigador. A algunos de ellos, de los unos o de los otros, los consideran inspirados por un hálito divino, a otros los consideran hacedores de una tarea fácil que sólo se debe comenzar y el resto sale como por encantamiento; aunque en otros casos, sus productos se aprecian como un conjunto de entelequias sin mucho valor. Sea cual fuere la figura que se adopte, hay que reconocer que propuestas escriturales de creación en esta época las hay y muy diversas; las hay que restituyen la idea de comunicarnos con una voz o creador interno, musa, exhalación, inspiración o como quiera que se prefiera llamar. Otras circulan por la observación detallada y relación deliberada de las poéticas pertenecientes a autores de renombre, en ellas se descubren los puntos determinantes de un estilo o de un experimento formal individual, y cómo el criterio autoconsciente de ese autor expresa su creación y/o aclara sobre ella. También están las que procuran ejercicios y a través de ellos, el ejercitante se aventura a experimentar, o a perpetuar su interioridad sobre una hoja de papel como un "artesano de la palabra" (Gómez y Henao, 2003), porque el poeta moderno es apenas un obrero, un artesano del lenguaje.

Distintos enfoques de observación y comprensión de la realidad como escuchas, lectores, creadores, y recontextualizadores, yerguen el círculo de aprendizaje relacional al que propende *La palabra-imagen*, porque la metodología subyacente en ella surgió por el deseo de demostrar cómo el discernimiento sobre la gestión metodológica de sus dispositivos críticos cientifizados, u "operadores lógicos conceptuales" (Osorio, 2017), termina por arraigarlos como elementos de análisis que sustentan productos de creación desde una formulación académica y no al contrario. En este punto radica la importancia de conocer las herramientas que los estudios literarios surten a *La palabra-imagen*, y luego se disuelven en medio de los múltiples progresos personales de la escritura, una vez quien escribe se adecúa a las herramientas que cuentan una historia desde su propia versión.

Comenta Adolfo Vásquez (2006) que: "No hay una 'racionalidad científica' que pueda considerarse como guía para cada investigación; pero hay normas obtenidas de experiencias anteriores, sugerencias heurísticas, concepciones del mundo, disparates metafísicos, restos y fragmentos de teorías abandonadas, y de todos ellos hará uso el científico en su investigación" (p. 4). O el creador, podría agregarse a la línea anterior, porque si bien Vásquez habla de un hecho investigativo, ningún hecho creador surge de la nada, al contrario, aflora de un proceso en donde la realidad se investiga y emerge una ilustración creativa que la dilucida, convirtiéndose en una problemática compartida.

A lo anterior podría agregar la posición de Carlos Maldonado (2007), quien conviene en que existe un consenso acerca de las propiedades de un sistema o fenómeno complejo: no-linealidad, autoorganización, emergencia, caos, aleatoriedad, adaptación, evolución, flexibilidad/robustez, aunque la lista puede variar de un autor a otro (p. 6). Lo cierto es que al observarlas cabe pensar en ellas como parte de la caracterización de un texto literario, y preciso recordar a Barthes (1972), quien en su compilación de enfoques sobre lo verosímil logra un gran acierto al focalizar la verosimilitud como respuesta a la pregunta por lo real en una obra, pues el concepto establece entrañables relaciones con la realidad recreada al interior del texto y la verdad que de allí se deriva. Con ello procura hoy una apertura a la visión compleja que encierra la escritura literaria; despierta la consideración de otro aspecto vital, la verdad al interior de las historias narrativas, esa misma que se arma cuando se complejiza la realidad de la cual el autor parte, la manera que las formas individuales se diversifican frente a ilimitadas asociaciones contextuales. La contextualización del conocimiento según Bastien, es una condición cardinal para un funcionamiento cognitivo eficiente (p. 15), ya que la discontinuidad de atisbos que intervienen sobre la realidad convierte su interacción en la mayor riqueza del proceso comprensivo.

A continuación, me dispongo a mostrar el camino que la propuesta de escritura cursó entre 1999 y 2005. Con ese propósito realicé otro ejercicio académico, presenté la ponencia *Una pedagogía de la historia en Colombia: talleres de La palabra-imagen*, en el XIV Congreso de Colombianistas "Colombia: Tiempos de imaginación y desafío" realizado en la Universidad de Denison (USA) en agosto del 2005. Para exponer la propuesta de escritura puse en práctica la ENC dentro de un texto académico construido por la interrelación genérica como un nuevo anclaje teórico y vivencial que anudó la idea inicial y enriqueció el intercambio entre la vivencia y la teoría, el acopio de la experiencia vivida dentro y fuera de los talleres que tuvieron lugar en diferentes municipios de Colombia compendió la poética de la ENC y bosquejó la moción de la INC.

2.1. Una pedagogía de la 'historia' en Colombia: talleres de La palabra-imagen

Un día, tras dictar un taller en un pueblo de Colombia, el bus que conducía mi camino al avión se averió en mitad de la nada. Entre la desazón que ese hecho produjo en todos los pasajeros, un hombre se paró a mi lado, casi rozando mi brazo, casi sin mirarme me dijo con voz recia: "Cuénteme algo". Sorprendida, abrí mis ojos como platos, vacilé una respuesta y apenas si sonreí. "¿Cómo le pareció mi tierra? –probó de nuevo– ¡porque usted no es de por acá, ¿cierto?!" No señor, fue lo único que atiné a decir. Contempló unos segundos al conductor manipular dentro del motor, yo intenté rehuir su conversación, me examinó por última vez esperando una palabra quizás, se alzó de hombros, "si no tiene nada que contar le tocó aburrirse", me dijo y se fue. Bajó despacio las escaleras del vehículo, una vez estuvo al lado del camino pude reparar en su figura, llamó mi atención la formalidad de su atuendo, ese hombre era un ejemplo de pulcritud. El bochorno del medio día apenas empezaba a amainar después de un sol escandaloso, en que todos creímos derretirnos en sudor en algún momento de las dos horas anteriores, pero él se conservaba como al momento de vestirse temprano, saco y pantalón de lino negro, camisa blanca almidonada y cerrada desde el primer botón al último. Recorrí su cuerpo de arriba abajo, no había una arruga visible en su traje; mi contemplación se detuvo a la altura de las pantorrillas cuando observé sus pantalones remangados arriba del tobillo y sus pies descalzos. Presintió mi sorpresa y se volvió, clavó su visión en mis ojos por un instante, luego la desvió para ojear el terreno que nos circundaba y empezó a ascender el pie de monte; me quedé curioseando cada movimiento que hacía, como cada paso se aseguraba entre los pies y la tierra, miré su cuerpo marchar al ritmo del camino hasta no verlo más. De repente escuché el tronar del motor, me acomodé, volví sobre la montaña verde ya sin aquel punto negro abriéndose paso en ella, y sólo entonces, recordé en qué país habito.

... Y como por arte de magia, de cuerpo entero, apareció el relato que esperaba desde el comienzo.

Estas palabras dieron fin a varios años de interrogantes, porque ellas dieron forma al recuento de mi hallazgo método-lógico inicial para observarlo ahora desde una perspectiva pedagógica, en la cual las historias a lo largo y ancho de mi país, afinan la construcción de nuestra imagen cultural y narrativa. Tres elementos fundamentaron este hallazgo: voz – imagen – palabra.

Llegar a ese punto requirió de varias escalas para ajustar los matices de ese camino y el detalle en la variación de tonos y temas como la memoria, la utilidad del lenguaje literario, el fin comunicativo de la verdad y la ficción, el juego simbólico que nos permite acceder a la tradición para concluir en la lectura de una realidad hecha 'historia'; este conjunto plantea las razones de origen de los tres espacios de desempeño en los talleres: la narración oral, la escritura académica y creativa, y el quehacer pedagógico, responsables de leer la realidad por medio de *La palabra-imagen.*

Colombia una producción permanente de historias

Durante algún tiempo de mi vida tuve la certeza de que en la sociedad colombiana la proliferación de historias en nuestra boca era el pan de cada día. Claro, para observar esto no se necesita un estudio muy dedicado, basta con ser colombiano, algo de conciencia sobre la asiduidad de ese estado comunicativo y no mucho más.

Tres grupos específicos me permitieron dilucidar mis dudas sobre el tema. En mi época de estudiante universitaria, como quien dice ya hace algún tiempo, realicé entrevistas que indagaban sobre la historia de Colombia, debo aclarar que no sólo se limitaba a formular preguntas curiosas o inteligentes para obtener una respuesta, sino que apuntaba a la configuración de historias de vida particulares que ayudaran a exponer cómo se llevó a cabo la conformación de algunas agrupaciones políticas al margen de la ley para obtener una panorámica en razones casi personales de la historia no oficial del país. Así mismo, estuve muy cerca de la gestación del movimiento de Narración Oral Escénica en el país, este movimiento ya cuenta quince años de existencia produciendo bandadas anuales de cuenteros universitarios con quienes he podido trabajar en dos universidades como profesora. Y el otro grupo, lo conformaron los docentes en diferentes ciudades de la nación, en esta ocasión mientras coordinaba una cátedra de oralidad, ellos me permitieron conocer diferentes aspectos de mi país, familiarizarme con los diferentes usos lingüísticos y culturales de nuestras variadas tierras, y observar recursos pedagógicos utilizados por ellos en su actividad docente.

Como ven he tenido en mis manos una enorme fortuna, una descripción variopinta de mi país, y gracias a ello he podido contemplar diversidad de narradores, con aciertos y desaciertos en un mundo narrativo bastante amplio, vertido por diferentes regiones, niveles de formación educativa y recursos. Aunque esa oportunidad me hizo pensar: ¿Dónde dejamos esa particularidad verbal que se supone nos es tan propia?, porque al decir que hace parte de nuestra cultura, no hablamos de un estado contemplativo que por sí mismo genera un relato, ni del libre albedrío de una conversación que las más de las veces no obliga a concluir en una historia. Entonces, ¿a dónde se fueron las historias en una tierra donde ellas bullen y galantean el aire cotidiano?, y ¿por qué la incapacidad para conformarlas bien sea en el espectro oral o en el gráfico que garabatea la escritura?

Al preguntarme sobre las historias orales, no sólo apuntaba a los estilos narrativos dentro de una situación escénica, sino al desarrollo de una capacidad narrativa oral en cualquier persona, tan innata como la dimensión comunicativa. Entonces, comprendí que la superioridad de un narrador no estriba en su disposición ni siquiera en su destreza, sino en la forma peculiar de mostrar una realidad, y encontrar esa forma constituye el secreto para desplegar el contenido de una narración. Ese es el reto al cual me enfrento cada vez que emprendo un nuevo taller de creación de historias orales o escritas, tratando de no olvidar lo más importante, ser conscientes de que las historias no existen por sí mismas, las hacemos existir, pero antes de hacer su aparición, se deben inventar, recrear, sumergir en el licor de nuestra saliva con la idea de que arrojen un aliento propio, de ser posible nuevo, y así dar vida a la infinita gracia y versatilidad significativa que porta conocimiento.

Ustedes público de lectores, ustedes profesores de literatura, de narrativas y narradores, estarán pensando que esto es perfectamente obvio, pero cosa distinta acontece cuando delante de ti alguien tiene la idea germen de una historia, pero no atina cómo desarrollarla para hacerse entender. En una ocasión, una amiga me pidió escuchar una historia que quería contar ante un público; al hacerlo la historia sonaba rara, muy simple, no terminaba de tomar color, yo no supe qué decirle ni en qué ayudarle; me fui a dormir y de repente en mitad de la noche me desperté sobresaltada diciendo: ¡la imagen, no hay imágenes en su historia! A partir de ese momento tuve la certeza de que la atención se debe centrar en este punto, la imagen debe encargarse de depurar las herramientas que construyen el engranaje interno de una historia relatada o por relatar, y así decodificar la realidad que la produce, mediante la aplicación de *La palabra-imagen*.

Encadenando una imagen con otra

Tratando de obviar aquella frase de que los escribas tienen muy mala fama, porque lo cambian todo, la construcción de historias es la que ayuda a hacer presente eso que los historiadores llaman pasado, pero aun así al momento de referir un relato, sólo se cuenta con su presente interno.

Debo hacer un paréntesis para recordar que en este proceso una gran piedra en el zapato fue la escritura de mi tesis de pregrado, específicamente el capítulo donde debía exponer la metodología a seguir, no tuve otra opción que crear una metodología propia adecuada para relatar monografías literarias cuyo apoyo teórico fue el relato literario. Mientras la construía, noté cómo los elementos ordenadores de mi escritura no sólo se invertían, sino cómo surgía uno nuevo, ya no era voz-palabra, sino palabra-voz-imagen.

Pensé que edificar la arquitectura de la metodología ayudaría a disminuir mis preguntas, sin embargo, aumentaban, pero al retomar el último capítulo, el cual fue un reportaje literario –resultado de los muchos relatos que durante varios años escuché sobre la reciente historia política de Colombia–, me llevó en la práctica a volver sobre la imagen, en esta ocasión como un método-lógico que me ayudó a entender y justificar ante la academia una simbiosis metódica de la idea sobre La Palabra hecha Imagen. Es decir, a una historia no la salva un buen ojo sobre la realidad a secas o la capacidad histriónica de quien la refiere, ni la nueva perspectiva de una gramática individual –sin negar su importancia–, ni la posibilidad de embelesar a quien escucha por unos momentos; la salva la acertada construcción de imágenes con las cuales se describe un mundo por conocer. Ustedes dirán que ese detalle lo podemos encontrar en algunas teorías narrativas, pero a pesar de saberlo teóricamente, tuve que descubrirlo. Y cada vez que lo olvido, vuelvo sobre la imagen de aquel punto negro sobre el ramaje verde, para recordar el país donde un hombre impecablemente vestido sube una montaña, descalzo, porque esa es su realidad.

Meses después, esto me permitió diseñar un taller para producir relatos, centrado en la lectura de la realidad, haciendo énfasis en la memoria y en la producción de imágenes, lo llamé *La palabra-imagen*. Empecé con un taller para cuenteros, bajo la salvedad de que el enfoque sería diferente. Aproveché para tantear un posible resultado y funcionó. Luego, durante cuatro años dicté talleres de escritura creativa en la Universidad del Rosario en Bogotá y funcionó. Volví a la Universidad Javeriana, en ese momento adelantaban una campaña contra el alcoholismo y la drogadicción de jóvenes. El diseño de la campaña culminaría con la difusión de historias a cargo de cuenteros universitarios, pero había un problema, los relatos no existían aún, cosa que me llevó a adaptar la metodología de la escritura de relatos para escribirlos primero y contarlos después. Luego, dicté talleres para el Distrito Capital. Por ejemplo, en la localidad de Santa Fe, de la ciudad de Bogotá, había un grupo de jóvenes sin muchas posibilidades de trabajo ni estudio. La iniciativa del proyecto a realizar era convertirlos en los caminantes de su localidad para conocer a fondo el espacio cotidiano, transmitirlo a los demás mediante historias aventuradas por ellos, y de esa manera, renovar la mirada sobre lo suyo. En otra localidad, La Candelaria, pretendían crear fuentes de empleo a un grupo de adultos convirtiéndolos en guías turísticos de su zona, si bien este es el sector histórico de la ciudad, no bastaba con repetir las historias de históricos libros, sino que era ineludible la creación de relatos propios a partir de una investigación para reconocer su entorno gracias a una lectura de la realidad individual sobre las imágenes colectivas.

¿Por qué hablar de una pedagogía narrativa en un reino de narradores?

En el año 2003 me propusieron en la Universidad Javeriana escribir un módulo –texto para una asignatura– para formación a distancia sobre literaturas orales, dirigida a docentes de diferentes regiones del país.

La primera opción fue escribir un texto mamotrético e incompleto recogiendo apenas una que otra cosa sobre las historias orales de algunas culturas, pero pensé que era el momento de trazar a esos profesores una propuesta sobre el tema, ya que ellos son los narradores diarios en las aulas de clase, ellos son quienes deben tener la oportunidad de pensar cómo se transmiten las historias a través de la tradición cultural, cómo se conforma cada historia, y así ayudar a sus alumnos a producirlas.

Al exponer mi perspectiva pedagógica o mi "imagen" metodológica sobre cómo contar las palabras hechas historias orales, me di cuenta de que no se puede ni se debe circunscribir a las narraciones orales; de hecho, ellas me ayudaron a pensar en su gran utilidad pedagógica; no obstante, me vi en la obligación de reconocer que esta propuesta recorre las diferentes expresiones de *La palabra-imagen*: la oral, la escrita y la audiovisual. Eso me llevó a determinar una posible solución al silencio que habita este reino de narradores y la posibilidad de que cualquier colombiano pueda contar o escribir historias, gracias a un mejor manejo pedagógico potenciador de relatos. De la misma forma que en mis clases trato de crear una historia que me interese contar acerca de un tema, por supuesto teniendo en cuenta las necesidades de los estudiantes de turno, y a partir de esas razones, busco los insumos más útiles para lograrlo, pues, la idea es que todo el mundo pueda tener acceso a la literatura empezando por lo oral hasta llegar a la escritura de las historias que puedan construir después de asimilar los conocimientos.

La conciencia en el uso de las herramientas para relatar

El monólogo interior fue la mejor opción para resolver este punto, se convirtió en un diálogo de sordos con los demás, no me permití dar cabida a otra cosa que no fuera la formulación de preguntas y la afirmación o negación de respuestas que acertadas o no me permitían avanzar en el asunto. Por ejemplo:

–¡Ahora pienso que la memoria siempre tiene razones literarias! Fue por eso, que pude partir de esta metodología para armar historias orales o escritas, ya que las grandes obras orales condujeron las claves narrativas en la escritura.

–¡Claro! Por eso mismo, mirando desde esta perspectiva no se debe descartar ni tratar de disuadir la importancia de una sobre la otra, pues la igualdad de las herramientas que construyen los relatos orales o escritos es patente.

–¡Por supuesto! Leer la realidad o en su defecto recontextualizarla, no es más que descorchar la botella de las palabras, después de descubrir la alteración que se crea en el orden real para producir una historia bien sea oral, escrita o audiovisual.

–¡Ajá! Ahora veo porqué al inicio de mi observación tan sólo fue palabra y voz, y luego se convirtió en voz, palabra, e imagen.

–¡En efecto! Ya no era memoria, lenguaje literario, fin comunicativo, juego simbólico, tradición y lectura de la realidad para dar a luz una historia, sino fin comunicativo, memoria, lenguaje literario, juego simbólico y tradición, para recontextualizar una lectura de la realidad y parir una historia.

–Así, ya no hay lugar a la repetición de imágenes, de ser así, debemos dar por hecho que se agotaron las palabras, así esas imágenes pertenezcan al mayor y más grande de los barbarismos gramaticales.

–Es cierto, por encima de todo, somos productores de palabras con métodos literarios-orales, estamos en la obligación de arrojar imágenes claras y verdaderas a la mente y al oído, sin tener que explicar el cuento, porque de tener que hacerlo, esa historia no sirve.

–Por eso, las muchas sugerencias, los silencios, en fin, la imagen.

–Sobre todo, cuando entendemos que la comunicación es un proceso de interacción social cuyo objetivo es producir modificaciones en el pensamiento, sentimiento y comportamiento de las personas; un trío del cual no se debe prescindir cuando de componer historias se trata:

pensar–sentir–actuar para crear forma, y siempre que haya una forma, habrá una imagen. ¡Obvio!

–¡Y eso es lo que nos dan los símbolos! Nadie puede comunicar lo que no siente; de igual modo, nadie puede visualizar una imagen si no se le permite hacerlo al momento de crear un enlace emocional con quien refiere la historia o con la historia misma.

–¡Ah! ¡Todo esto es lo que conforma los insumos de la realidad!

–Ahora entiendo porque cuando tengo un relato en ciernes, suelo recordar:

¡A la mesa! Se escuchaba a mi mamá desde el comedor.

Mi papá y yo nos mirábamos a los ojos, ninguno de los dos tenía intención de abandonar la historia, hasta el final.

Todos los viernes santos de mi niñez me levanté muy temprano porque antes del desayuno comenzaba una historia apasionante que mi papá tenía preparada. No me la podía perder porque de hacerlo, sólo se repetiría un largo año después.

Con mis cortas piernas, con un oso apretado a mi pecho, intentaba que la sábana me sostuviera hasta que mi papá extendía su brazo para darme el último impulso que necesitaba para coronar aquella cima. Me sentaba en el centro de la cama y acomodaba mi oso en medio de las piernas, lista para la historia que no tardaría en comenzar. Él adormilado todavía, apenas si lograba acomodarse y empezaba con un par de parábolas y algunos hechos admirables para introducirme nuevamente en la vida de Jesús de Nazareth. Seguía con la entrada triunfal de Jesús en Jerusalén, hasta llegar a la pasión de Cristo.

Nunca he dejado de experimentar múltiples sensaciones al escuchar sobre la traición de Judas, pero a la vez sentía compasión por alguien que sin tener una verdadera razón era capaz de traicionar a un hermano. Me desconcertaba —aún hoy me pasa— la posición fácil de Poncio Pilatos, y la de las personas que exigían la crucifixión de alguien a quien unas horas antes aclamaban; pero, sobre todo, cómo un pueblo esclavo logró ponerse de acuerdo para que aquellos que tanto daño les hicieron, mataran de esa forma a uno de los suyos.

Con el paso de los minutos iba cambiando mi posición corporal y terminaba acostada boca arriba, con los brazos extendidos preguntando cada tanto: pero ¿por qué nadie lo ayuda?

Mi papá me miraba, suspiraba y proseguía. Todos los años al llegar a cierta parte de la narración, me invadían oleadas de esperanza, tal vez en esta ocasión la narración iba a parar en algún momento, algo inesperado evitaría que este año lo mataran, pero no, siempre de mis labios salía la misma pregunta: pero ¿por qué nadie lo ayuda?

Fui creciendo y entendí que la historia no podía cambiar, que así había sucedido y que en manos de mi narrador no estaba hacerlo —quizás por aquello de "lo escrito, escrito está" que más que una verdad parece una sentencia—. Pero él, antes de llegar al momento de la muerte me llenaba de esperanza, de alegría, de amor, se acercaba muy despacio, se acomodaba muy juntito a mí, me tomaba la mano y me decía: "Ya se acerca la mejor parte. Jesús va a un lugar mejor porque la vida eterna existe, su padre lo está esperando, besará todas sus heridas, y ya no sangrará, ya no le dolerán y entonces, será feliz". Proseguía con las últimas palabras pronunciadas por Cristo, seguidas de un último suspiro que ponía el punto final a la historia.

Allí acababa mi papá, y allí, en ese mismo lugar de la narración comenzaba yo, porque en mi mente quedaban las imágenes que con filigrana construía todos los años. Después de desayunar salía a mis ocupaciones de siempre, el jardín, los animales, las frutas, pero ese día todo era diferente, los árboles lloraban, sí, lloraban lágrimas de sangre, por sus troncos goteaba una sustancia melcochuda de color rojo sangre. Las flores cambiaban de color, los animales se apaciguaban de una manera extraña y como si fuera poco, siempre llovía, después de mediodía sólo era posible tomar un lugar frente a la ventana para ver el estrepitoso aguacero acompañado de un fastuoso vendaval de tierra caliente, engalanado por el encandilar de cada rayo que me dejaba por unos segundos escondida detrás de la cortina.

Cuando cumplí muchos años más y mi papá seguía contándome la historia, comencé a buscar razones que pudieran explicar todas estas casualidades en el ambiente, y las conseguí, poco a poco, entre unos y otros me ayudaron a encontrarlas, pero la tristeza nunca cambió, se calmaba, pero las razones del alma son más fuertes, y preferí hasta hoy quedarme con el relato que mi padre me contó por muchos años, la historia del amor de un señor que soportó todo eso por otros, con la ternura que cada año mi padre dedicaba a recordar en mi corazón a aquel desconocido, y con el amor de la esperanza que guardo muy dentro de mí por un futuro mejor que en algún lugar del universo me aguarda.

En vista de que nosotros no llegábamos a la mesa, mi mamá optaba por comenzar en compañía de mis hermanos, obviamente se enojaba, pero no era la única vez que lo hacía, mi mamá se enojaba cuatro o cinco veces según el número de domingos que tuviera el mes, cada domingo por la mañana se repetía la misma escena en que yo llegaba muy temprano a la inmensa cama de ellos, mi papá se acomodaba y hacían su aparición las historias del Tío Conejo, las leyendas de miedo, los cuentos de los hermanos Grimm, a veces simplemente comenzaba a contarme cosas que le habían pasado en la semana, historias de sus amigos, y cuando los encontraba en la sala de mi casa, haciendo visita de adultos o yo por alguna razón visitaba a mi papá en la oficina y los veía, buscaba un rincón para observarlos sin que lo notaran y desde allí hacía memoria de esos pequeños secretos que recordaba en la boca de mi papá y que ellos jamás se enterarían que yo conocía. En conclusión, mi papá para mí era un baúl sin fondo, no se necesitaba más que oprimir el interruptor de mi deseo y él comenzaba a contar historias de cualquier tipo que me hacían soñar con mi vida y la de otros.

Antes de terminar el desayuno, supongo, mi mamá tomaba un nuevo aliento, se calmaba, y volvía a decir: El desayuno se va a enfriar de nuevo. Mi papá y yo nos mirábamos con una sonrisa cómplice, se ponía en pie, de un salto quedaba en sus brazos y nos dirigíamos a la mesa donde aún nos esperaban con los últimos bocados. Tomábamos asiento y retomábamos la conversación que ellos tuvieran. Pero nuestro ritual de historias nunca nos alejaba de la cama antes del punto final. Esto se repitió hasta entrada mi pubertad y muchas de ellas alimentan hoy mi vida.[2]

Les acabo de exponer mis razones para proponer una pedagogía sobre la composición de historias que nos asaltan cada vez que intentamos robarlas de la realidad de todos y volcarlas en nuestra lectura de ella a partir de *La palabra-imagen*. Ahora me asalta una duda sobre cada uno de ustedes, ¿cuál de estas preguntas la convierten día a día en su privilegio para significar su realidad?:

¿Papá es cierto que la televisión en blanco y negro existió?,

¿Lo escrito, escrito está?,

¿El verbo se hizo carne?

Bogotá, junio 6 de 2005.

2.2. Una variación, otro resultado

Después de leer la ponencia, puede notarse que la transmisión del conocimiento mediado por la narración se encamina hacia una forma divergente de cómo se conduce este tipo de escritos en el ámbito académico; en ella se aplican mecanismos de comparación y diálogo de lecturas, afirmación comprensiva, reto memorístico, linealidad explicativa del qué y para quién lo "aprende", etc. La diferencia se encuentra en la disposición narrativa del conocimiento para proveer una nueva frecuencia receptiva tanto en el lector diegético como en el extradiegético.

2. Este es un texto de mi autoría, producido para ejemplificar cómo una historia oral se encuentra inmersa en la memoria simbólica, 2004.

Ese rango en la comprensión se relaciona con formas de relatar, una consideración que contrarresta el aparente antagonismo que insistimos en instalar entre ellas, porque la complementariedad entre tipos textuales se puede precisar a través de aproximaciones teóricas y de esfuerzos narrativos para exponer comprensiones académicas. Los mismos que *La palabra-imagen* plantea en el ejercicio de discernir sobre la praxis narrativa de creación de una realidad histórico-ficcional, a partir de dispositivos de la teoría literaria. De esa manera este trabajo académico expone el diálogo en el cual un hecho literario es provisto por un pensamiento que complejiza el conocimiento sobre una realidad, mientras activa enlaces entre la comprensión e interpretación de la realidad, y a través del discernimiento de sus particularidades provee una forma complementaria de comprender el todo y las partes.

El propósito es originar una episteme narrativa como alternativa asimétrica de análisis que involucra razón y acción para conjugar variables explicativas, originar un pensamiento fecundo en alianzas, mientras colige el reto de la incertidumbre como desafío en términos de la contextualización dialógica. Por eso la ENC propone la recontextualización de la realidad como norte en las historias, aunque para recontextualizar la lectura de una realidad, debe abrirse el camino que desentrañe y promueva una nueva episteme narrativa. Desde esa óptica el itinerario de *La palabra-imagen* apuntala como el fin último la construcción de imágenes narrativas (Angarita, 2013) dentro de textos académicos para producir la renovación del paradigma interno de la escritura académica. No obstante, quiero recordar las palabras de Fayerabend que anota Vásquez Rocca (2006): "Mi intención no es reemplazar un juego de reglas generales por otro; más bien mi intención es convencer al lector de que todas las metodologías, incluyendo las más obvias tienen sus límites" (p. 6), pero también increíbles aportes complementarios, y cada disciplina aporta ángulos de visión que pueden ser clave para comprender y narrar. La siguiente es la manera como José Maza, un astrónomo chileno, explica qué es el cielo:

> Hay muchas formas de describirlo, incluso la palabra cielo ya tiene connotaciones que apuntan en muchas direcciones. Algunos filósofos y cien-

> tíficos desde Pitágoras hablaban del cosmos como el lugar donde estamos metidos. El cielo en realidad es la visión plana que uno puede ver desde la tierra, y en ese sentido, el cielo que nosotros vemos, la imagen que nosotros tenemos del universo que nos rodea, puede ir cambiando según el planeta desde el que lo miremos, la estrella en que estemos parados, la galaxia donde vivamos, hay miles de millones de galaxias, y muchos miles de seres vivos y lugares, y algunos a lo mejor tienen estructuras parecidas a los nuestras en el sentido de tener percepción visual, etc. Entonces, el cielo no es una cosa que esté ahí para todos, el cielo es la visión que tenemos mirando desde nuestra ventana... (*La belleza de pensar, 2003*)

A modo de otro ejemplo, traigo a colación una de las adecuaciones que hice a la propuesta inicial de *La palabra-imagen* con el objeto de perfilar una nueva óptica sobre el estudio de la oralidad. Esta variante de *La palabra-imagen*, a la cual se hizo alusión en la ponencia presentada unas páginas atrás, se perfiló a partir de la convicción de que una óptica distinta a la repetición debe regir el tratamiento de la tradición oral como principio básico de las representaciones orales, su resultado se concentró en dos publicaciones. La primera, un libro-texto llamado *Una perspectiva pedagógica de la palabra* (2004 y 2010)[3]; en él se ratifica la importancia de la lectura de una realidad sin perder de vista la adecuación, actualización y reescritura comprensiva de esa realidad como un nuevo posicionamiento de la Tradición, afín a otra perspectiva de las literaturas orales en la actualidad que ronda el camino de la Oralitura como una de las productoras de la recontextualización de la realidad para producir historias con tonalidad literaria.

La segunda publicación, *Historias que el país cuenta* (Angarita, 2013), corresponde al resultado del proceso pedagógico anterior, un compendio de 50 historias producidas por los estudiantes inscritos en la asignatura, a largo de cada semestre construyeron una historia narrativa mediada

3. Directriz para una asignatura llamada Literaturas Orales, perteneciente a la Licenciatura en Educación Básica con énfasis en Humanidades y Lengua Castellana de la Facultad de Educación en la Pontificia Universidad Javeriana de Bogotá.

por la propuesta pedagógica que plantea el libro-texto, y su formulación metodológica de escritura de creación que entraña la interacción permanente entre el ámbito teórico y el práctico, la cual contempla el ingreso a un espacio comprensivo y analítico sobre algunas categorías suscritas en los estudios literarios, y cuya comprensión apuesta a guiar la percepción y recreación de la realidad vivida por cada individuo a través de las historias cotidianas provenientes del pasado inmediato o ancestral, expuestas a un proceso de recontextualización que se forja dentro de las tradiciones colectivas. A continuación, se presentará la historia narrativa que abre la compilación. En ella, a partir de la ENC se abordan diferentes aspectos presentes en el pensamiento social del individuo colombiano. En este relato llamado *El gran acontecimiento,* con talante humorístico la autora desvirtúa la lectura que primó en nuestra memoria colectiva durante décadas, y dentro de su entorno ficcional deja atrás la visión tradicional trágica sobre el bipartidismo, la homosexualidad y el machismo que imperó para hablar de la política en nuestro país.

El gran acontecimiento[4]

Cuentan que, en una población del San Jorge, de poco más o menos sesenta mil habitantes, el ocio y el chisme son pan de cada día, porque todos saben de todos y lo que no saben se lo inventan o lo exageran y... bueno, como siempre, sucede lo que no debe suceder.

Como bien se sabe, en todas las comunidades existen uno o varios elementos humanos sobresalientes, ya sea por su inteligencia o brutalidad, por su riqueza o pobreza, por su valor o cobardía, en fin. Y es esa mezcla de personalidades la que hace que un pueblo sea eso, un pueblo. David Martínez Rojas era un hombre de 52 años que mantenía relación con personas pertenecientes a los diferentes estratos sociales, económicos y políticos de la región aun cuando él se hallaba en el número

4. Esta historia pertenece a la estudiante Carlota María Ealo Madrid.

cuatro, donde sus integrantes permanecen estirados para no bajar y haciendo muchos esfuerzos para subir. Casado con una mujer que a pesar de sus cincuenta años aún conservaba su belleza, hija de un ex senador de la república; David tenía un hijo en vísperas de cumplir los dieciocho y una hija, Andrea, de veinticuatro que fue concebida antes del matrimonio y a la que su esposa no aceptó nunca en su casa, sin embargo, él le brindó todo cuanto se puede ofrecer a una hija.

Egresado de la Facultad de Derecho de una de las mejores universidades del país, se desempeñaba como asesor de la alcaldía del municipio y aspiraba a jubilarse a los cincuenta y cinco años. Además, se dedicaba a la ganadería. Conservador de línea dura, casi a punto de cambiarse el apellido materno porque no hacía juego con sus ideas partidistas. Frente a la casa de Martínez vivía Francisco Otero, liberal por tradición y fanatismo, quien a diario le prendía una vela a López Pumarejo y no juraba por Dios, sino por su caudillo demócrata; además de vecinos, eran grandes amigos sin tener en cuenta la diferencia de ideas políticas, y quien lo molestaba siempre diciéndole que Andrea no estaba enamorada de Lyndon Ricardo, sino que estaba interesada en su dinero. Martínez, siempre hacía caso omiso a sus palabras, pero una mañana le respondió no de muy buenas maneras, y finalmente le sugirió no insistir con el asunto.

A unas tres cuadras de Martínez, Arnoldo Núñez y Fredy Suárez compartían una casa de dos alcobas y a la luz pública era conocido que su amistad databa de algunos años atrás. Se rumoreaba que algo raro sucedía entre los dos, debido a que Suárez tenía algunos comportamientos poco varoniles, demostrados cuando se pasaba de copas. Sin embargo, nadie aseguraba nada, ambos eran personas amables que nunca habían tenido discusión alguna, hacían respetar su trabajo como carpinteros y talabarteros, labor que desarrollaban en el patio de la casa donde residían.

Una mañana, muy temprano, llegó a la carpintería don Lyndon Ricardo, el ganadero más adinerado de la región, quien hacía parte de la crema y nata de la sociedad del municipio y prometido de Andrea Martínez. Estaba ahí para encargar los muebles de su futura casa. La madera había sido seleccionada y los modelos tomados de muebles europeos para que no tuvieran similitud alguna con ninguno de los existentes a mil kilómetros a la redonda. La señorita Andrea vendrá a inspeccionar el trabajo la semana entrante –le dijo Lyndon a Arnoldo–, y se despidió. Casándose con Andrea Martínez, Ricardo aseguraba su regreso a la política y de alguna manera la mayor concentración del poder económico y político de la costa norte colombiana. Además de adinerado, Lyndon era colérico, a más de uno le había disparado a los pies tan pronto comenzaba alguna discusión acalorada cuando veía que su contrincante le llevaba un tris de ventaja en el tema. Cargaba a la altura de la cintura un revolver 38 largo que heredó de su abuelo, el cabo Ricardo, de quien se dice consiguió su fortuna a base de robo de ganado, extorsión y otros métodos sucios. Claro, Lyndon decía que esos eran rumores malintencionados para empañar el buen nombre de su familia. Lo cierto es que su abuelo fue elegido tres períodos consecutivos, como diputado y presidente de la Honorable Asamblea Departamental, pero en su cuarto intento fracasó y esto lo golpeó en lo más profundo de su ser, su orgullo recibió un mazazo.

La gente no podo olvidar aquel viernes santo cuando recibió la noticia, y copas de más, salió a toda velocidad por las calles del pueblo en su auto deportivo, disparando al aire durante más de cuatro horas. Motivo por el cual no hubo viacrucis y como nunca, a las ocho de la noche no había un alma por las calles de la población. Para el pueblo esto resultó imperdonable. Así que todo aquel con quien se encontraba, con cierto tono de burla le hacía la pregunta de cajón:

–¿Qué pasó don Lyndon?

–Bueno, en realidad, me fallaron los votos de Caimito –contestaba.

–Ajá, don Lyndon, ¿por cuántos votos perdió?

–Hubo fraude y salí perjudicado –explicaba en otras.

–Me contaron que se la hicieron don Lyndon.

–Tú sabes que yo no compro votos, yo no entro en esas porquerías –decía para justificar su derrota.

Pero como todo tiene un límite y la paciencia y el humor ricardino no eran la excepción, un día cualquiera salió con un letrero colgado del cuello, en donde se podía leer en letra de imprenta y tamaño visible a diez metros: Agradezco a mis amigos no hablarme de política, de lo contrario se convertirán en mis enemigos. Después de eso no hubo más preguntas.

Pues bien, Ricardo estaba preparando su matrimonio desde hacía tres meses y faltaban tres más para la fecha acordada. Todo el pueblo giraba en torno al mayor acontecimiento que se daría en la alta sociedad del municipio. Se anunció en todos los medios informativos del país, y no sólo eso, sino también el listado de los mil doscientos treinta y un invitados a la ceremonia privada en la parroquia principal del pueblo. Aquel que no aparecía en la lista, sufría ataques de nervios y trataba de comprar el cupo a otros cuya situación económica estuviera limítrofe con la miseria, aunque vivieran del apellido. Para el buffet se contrataron ocho chefs y treinta y cinco ayudantes de cocina traídos de Bogotá, igual que los decoradores de la iglesia y el salón del Club Campestre. El coro estaba conformado por veinte integrantes, entre ellos cinco italianos, y la fiesta sería amenizada por una orquesta, una papayera y un conjunto vallenato. ¡Ah, claro! Y por supuesto la serenata para la novia ejecutada por un grupo de Mariachis. Y qué hablar del vestido de la novia, tres destacados profesionales de la moda colombiana serían los encargados de darle el toque sobrio y elegante al diseño.

Mientras tanto, Andrea también se preparaba para el evento, cuidaba su figura con mucho esmero, llamaba casi a diario a Bogotá para preguntar por su vestido, y visitaba regularmente a Arnoldo para ver cómo iba el trabajo de los muebles. Una tarde que se encontraba en el taller de carpintería hablando con Arnoldo, llegó Fredy quien sin saludarla se dirigió a Arnoldo diciéndole que estaba muy molesto, puesto que se había enterado de que su amigo andaba enamorado de una niña y no le había contado. Andrea, sin decir nada, se retiró dejándolos en una acalorada discusión. Al salir, se encontró con Francisco Otero a quien saludó, y haciéndose el loco siguió escuchando la discusión. Luego corrió a casa de Martínez a contarle que ahora sí estaba seguro de que la relación que existía entre Suárez y Núñez no era simplemente de amigos, era algo más, pues escuchó perfectamente cuando Núñez le dijo a Suárez que le jurara que su amor no se acabaría nunca y menos por una mujer. Martínez se sonrió y le dijo que ese era problema de ellos, a nadie le interesaba. Así pasaron los días y nadie más se enteró de dicho suceso o por lo menos eso se creía hasta ese momento. Claro, el acontecimiento principal era la boda Ricardo y Martínez. En cualquier esquina se hablaba de lo mismo, las mujeres de su vestuario y los hombres del ron que correría como manantial ese día.

Y la fecha tan anhelada llegó. Todo estaba listo y se creía haber cubierto hasta los más mínimos detalles. Don Lyndon Ricardo llegó a las siete y cuarenta y cinco de la noche y se paró al lado del altar, faltando diez minutos para las ocho arribó la novia, Andrea; luciendo un novedoso vestido blanco níveo, ajustado a su silueta. Cuentan que se veía realmente hermosa. Hizo su entrada al ritmo de la marcha nupcial, seguida por treinta parejas de padrinos y la acompañaban dos pajes y doce damas de honor que la condujeron hasta donde la esperaba el novio. Los tres sacerdotes, ya preparados, iniciaron la ceremonia. Uno de los sacerdotes dirigiéndose a los fieles preguntó: "Si alguien conoce algún impedimento para realizar el sacramento –enfatizó–, que hable ahora o calle para siempre". Como tratándose de la costa cualquier cosa puede suceder, algo imprevisto se presentó, en este caso no fue muy raro. Se produjo un apagón que dejó a la iglesia en tinieblas y esto ocasionó un murmullo que iba creciendo con el paso de los segundos de oscuridad. Se escuchó al sacerdote pedir silencio y repetir la pregunta. Al fondo del pasillo principal del templo se escuchó una voz fingida, como un falsete: "Andrea no es señorita, está comida, se acuesta con el carpintero".

Ahí se armó la de Troya, los gritos se confundieron con los golpes de la gente contra los muebles al querer salir, pues sabían cómo iba a reaccionar el indignado novio, con el 38 largo que no lo dejaba ni para bañarse en las playas de Tolú. Los sacerdotes se deslizaron como serpientes preñadas en busca del confesionario situado al margen opuesto de donde estaba Ricardo. El coro no infería lo que estaba sucediendo, pero por instinto buscó refugio debajo del altar mayor. La hasta ahora señorita Andrea, supuestamente, cayó sin conocimiento en la parte baja de una banca larga y ancha que se acondicionó para los padrinos especialísimos. Así que cuando se escuchó el primer disparo, ya la catedral estaba vacía y en ese preciso momento se encendieron las luces.

Don Lyndon también había salido y frente a la puerta principal comenzó a disparar al aire mientras preguntaba: "¿Quién fue?" Pero, ya no había nadie para escucharlo, solo su padre que lo tomó del brazo y lo condujo a su casa. El trauma de don Lyndon lo recluyó en su casa durante cuatro meses; abandonó todo, no aceptaba visitas, solamente salía de su alcoba para comer y al patio a tomar un poco de sol. El día que decidió visitar su hacienda La Gitana, no había echado del todo al olvido lo sucedido, pero se sentía con más ánimo para retomar sus labores diarias. A su llegada notó que a todas las reses les faltaba el rabo y al preguntarle al capataz a que se debía la falta del rabo en sus animales, éste le contestó que como no había mandado para comer en cuatro meses, él se vio obligado a cortarles el rabo a las reses para hacer sancocho y no dejar morir a su familia. Don Lyndon no supo qué contestar a las razones expuestas por el capataz y pasados unos meses vendió todos sus bienes y, según dicen las malas lenguas del pueblo, se fue a vivir a Pitalito en el Huila, con Andrea Martínez, suponen todos porque de ella no se supo más en el pueblo desde el día de la fallida boda. Y después de muchos años el misterio continúa, lo mismo que el romance de Arnoldo y Fredy, y una que otra vez alguien se hace la pregunta: ¿Quién pudo tener el coraje de acabar con tan magno acontecimiento?

Después de apreciar cómo la autora decidió volcarse sobre su memoria y la de un país que ha circulado en torno a las diferentes manifestaciones de la violencia social durante dos siglos, también podemos notar que se decidió por una forma de comunicar el recuerdo y la investigación que realizó, porque más allá de demostrar suficiencia en la expertticia sobre el tema, priman las razones que resuelven su tratamiento al momento de decidir cómo comunicarlo. Cada historia que compone el libro evoca tanto estilos como tonos personales o regionales que plasman diversas realidades sociales y lingüísticas del país. Así pues, al cifrar una perspectiva pedagógica de la palabra se define la renovación en las historias, éstas desentrañan una proyección comprensiva propia, la cual propicia maneras particulares de relatar, al tiempo que refieren desde su lugar de producción un renovado vistazo sobre la realidad cercana a todos los colombianos (Angarita, 2012).

2.3. *La clave de un nuevo tiempo:* El inicio del juego

La estupefacción de todos fue tal que casi al unísono abandonaron sus personajes, y la sorpresa aumentó cuando se vieron unos a otros sacudiéndose el cuerpo, frotándose con manos y pies, como si así pudieran eliminar las moronas que el personaje hubiera dejado sobre la piel. Después de un ambivalente silencio que impidió comentario alguno, Felipe se sintió responsable por haberlos metido en semejante empresa, pensó que bien merecían que fuera él quien se atreviera a dar el siguiente paso. Hizo caso omiso de la situación anterior, y procedió:

— Es hora de dar un paseo, los invito al lago.

— ¿De qué lago hablas? –interrogó Miguel con su habitual tono burlón.

— Si, ¿de cuál lago hablas? –irrumpió Anaagüe sin dar mucho crédito a las palabras de su nieto. Pero su gesto descreído se transformó en asombro cuando observó cómo el físico de sus compañeros se diluyó y tomaron cuerpo los personajes del juego. Giró su cabeza en busca de su reflejo en el vidrio del ventanal, notó el color rojizo que empezaba a colorear sus canas, y en segundos se transformó en la señora Lotenz.

— De qué lago podría estar hablando más que del Lago Constanza.

Una vez pronunció estas palabras, Martínez hizo un revelador guiño, un intento por amainar el inminente desconcierto de sus acompañantes. Ante la certeza de hallarse dentro del universo del juego, optaron por aguzar los sentidos ante lo inesperado, apropiándose de aquello que afloró el espíritu en cada cual, y así disfrutar de la aventura en que se involucraron. Por mi parte, me reacomodé en mi balcón y me dispuse a avivar ojos y oídos.

Algo como un sistema invisible de poleas se activó, los objetos de la cabaña comenzaron a deslizarse hacia la pared norte de la sala, y en la medida en que avanzaban el mobiliario iba desvaneciéndose, una a una las sillas, las mesas, los cuadros. Por la pared sur caían torrentes de agua cristalina sobre el piso móvil formando pequeñas olas, su extensión fue creciendo hasta unirse con la orilla plácida del Lago Constanza, transportado miles de kilómetros tierra adentro con sus patos y millones de microorganismos. Por segundos la sorpresa arrebató sus pensamientos, pero luego entendieron que esa fue la disposición de Martínez, la forma de determinar su incursión en el juego, y lo acataron. Pronto todo el lugar se convirtió en un terreno húmedo y profundo, el viento otoñal como un rastrillo gélido sobre las mejillas, lejano al viento tropical que rodea la cabaña. En la orilla, un bote. Martínez sacó de su bolsillo cuatro pañuelos con un monograma en el borde. Al verlos la señora Lotenz no pudo evitar un gesto instantáneo de reproche, él con los ojos entrecerrados y la boca hecha un pico, se acercó a ella y musitó un casi inaudible y sucinto comentario "ya entenderás porqué metí las manos en el cajón del abuelo". Luego de ese paréntesis, comenzó a hacer nudos en los cuatro extremos de cada pañuelo e hizo entrega a cada uno. Buscó a Don Eugenio, como de costumbre ya se hallaba bien acomodado en proa, se dirigió tambaleante hasta él y se lo puso en la cabeza.

— Este particular estilo de sombrero –levantó los brazos al cielo en una aspiración profunda– , era el que Albert Einstein usaba cuando salía a navegar.

— ¿Estás seguro? –preguntó la señora Lotenz con tono melindroso.

— Pero claro, de él puede esperarse que curve una superficie plana en las puntas para hacerla funcionar de otra manera, como sombrero, por ejemplo. Sea la ocasión para decir que, a partir de ahora, cada dato que evoque será invaluable en la reconstrucción vital de nuestro distinguido protagonista, porque más allá de la explicación señora Lotenz, el valor que encierran los datos en sí mismos constituyen el pilar de la Historia.

Ante la singular ilustración con sentido científico, todos cruzaron miradas desorientadas, en cambio Antrux gruñó impaciente ante la aclaración obvia; y su llamada de atención sirvió para que se acomodaran en el bote, la señora Lotenz y Flew Flew tomaron asiento en silencio, Martínez encendió el motor y a ritmo lento comenzaron a desplazarse sobre el agua y a vadear la narración.

— Bueno Antrux –se volvió hacia el can y con voz plácida y parsimoniosa le dijo–, no hay afán, tenemos todo el día, no sea impaciente, ese no es ni será nunca el estado ideal para dar curso a los recuerdos, porque para atisbar qué guardan los recodos que posee la memoria se requiere de mucha paciencia para permitir a la evocación hacer lo suyo. Así que mejor mire al horizonte, huela el aire e imagínese como sería el mundo veintiún años antes de empezar el siglo XX. El tiempo en que el saber científico alcanzó un punto culmen entre los deseos de gran número de la población terrestre, y en ese propósito el desarrollo en las comunicaciones facilitó el intercambio de hallazgos a una velocidad que antes habría sido imposible de imaginar.

También fue la época en que, en Ulm, Alemania, nació él, la mañana del 14 de marzo, bajo el signo de Piscis, como diría la tía Claris. Para nadie es una novedad escuchar que a ese pequeño lo acunó un espíritu menos que sociable, más bien retraído, actitud que le acarreó conflictos en todas partes. Tanto así que a muy corta edad sus profesores le diagnosticaron problemas de aprendizaje, los compañeros lo consideraban raro, y sus padres no tuvieron otra opción que distraer con disculpas inmerecidas la preocupación que esos comentarios generaron. Por fortuna a su hermana Maya su comportamiento le fue indiferente, incluso le parecía divertido y estableció una gran complicidad con los prolongados silencios de Albert. Él, por su parte, no concedió mayor importancia a esas críticas generalizadas, pensó que era mejor optar por el mutismo y su actitud reafirmó la impresión de todos aquellos que siempre lo consideraron incompetente para relacionarse en comunidad. Aunque en muchas ocasiones su forma de ser tenía ventajas, su tranquilidad y objetividad frente a los conflictos, era bien reconocida; y por eso cada vez que sus compañeros de estudio se enredaban en una disputa, todas las miradas giraban hacia Albert y lo nombraban árbitro; con frecuencia evitaba que la riña se subiera de tono, y conocía el momento exacto para poner el punto final.

Esa fue quizás la mayor paradoja que sorteó frente a las convenciones sociales. Sin embargo, gracias a que guio su vida desde la soledad de sus pensamientos, después de esperar alrededor de treinta años expuso al mundo un conjunto de ideas que entre los habitantes del siglo XX produjeron un inenarrable alboroto. Para unos se convirtieron en las portadoras del mayor descubrimiento para la humanidad, porque exponían un nuevo ámbito comprensivo sobre el universo; para otros, esos que suelen afincarse en sus propias comprensiones, fueron puestas en tela de juicio, y persistieron en su posición hasta que ya no les fue posible sostenerse en ella. Lastimosamente incesantes murmuraciones lo acompañaron hasta después de su muerte.

Martínez se reacomodó, tomó aire, había algo en su lenguaje que no dejaba de sorprenderlo, bueno, no a él, sino al inconsciente de Felipe cuando atisbaba por la orilla de las frases que en boca de Martínez se escuchaban. Miró al horizonte y comentó: Quisiera poder imaginar con más detalles al niño que trajo consigo esa verdad colosal para todos. Y se quedó suspendido saboreando sus palabras. Antrux gruñó de nuevo, no podía permitir su distracción, apenas comenzaba la historia. Martínez volvió de inmediato, luego de un ligero carraspeo, retomó la palabra.

Tenía un año cuando sus padres se fueron para Múnich con la esperanza de abrir un negocio de electricidad, muy de moda por ese entonces después de que el descubrimiento de Edison llenó el mundo de bombillos. Quien lo dijera, el negocio familiar propició la relación temprana de Einstein con los misterios de la luz eléctrica. Me imagino que estar rodeado de bombillos, enchufes y cables, activó su presteza para capturar enjambres de preguntas y sus correspondientes respuestas en relación con la energía. Fíjense, con frecuencia conjeturar sobre las coincidencias parece una injustificada pérdida de tiempo, pero en ocasiones resulta injusto hablar así sobre ellas, pues esa actitud no le hace justicia a la increíble conjunción aleatoria que los hechos pueden llegar a producir.

Podría dar muchos ejemplos, pero hablemos de uno concreto. Me refiero a aquel medio día en que Hermann Einstein entró en la habitación de su hijo. El chico se encontraba profundamente aburrido, llevaba convaleciente varias semanas, confinado en su habitación, en su cama. El señor Einstein traía entre sus manos un objeto desconocido; después de explicarle en qué consistía la maravilla interior de aquel aparato, el chico no pudo contener la fascinación que le produjo el movimiento de aquella aguja. Le despertó tanta curiosidad ver cómo siempre apuntaba en la dirección exacta a pesar del giro que se le diera, que llegar a descubrir el misterio entrañado por aquel artefacto, desató su primera gran búsqueda personal. Pasó muchas horas observándolo, moviéndolo y experimentando los aparentes cambios que él podría infligir a aquel aparato según la posición en que su mano lo sostuviera; no obstante, aquella impenitente astilla de metal, como cualquier brújula, se mantenía independiente de los movimientos que él le profería.

Este es sólo un ejemplo de cómo, la soledad y el silencio fueron sus principales instructores desde la infancia. Pese a las muchas interpretaciones sobre el silencio que siempre lo distinguió, ninguna de ellas captó el verdadero alcance de las divagaciones personales que deambularon por la mente de este muchacho.

Reconocí mucha verdad en las palabras de Martínez, mi padre nunca supo qué tanta trascendencia tuvo ese regalo en mi vida, una aguja imantada girando libremente, señalando los puntos extremos de la tierra desde la localización que yo designara. La inmutabilidad de aquel instrumento cambió mi comprensión del mundo, me otorgó la magia y con eso la autoexigencia de precisar el funcionamiento de la naturaleza. Esa maravilla sostenida en mi mano me ayudó a observar todo el universo móvil agazapado detrás de las cosas que vemos y que suceden ante nuestros ojos.

Ahora me resulta improbable pensar que mis cavilaciones de entonces constituyeron las primeras observaciones del físico en que me convertí. Es ahora, muchos años después de ese hecho que entiendo su importancia, quizás esa misma inclinación por el saber llevó a muchos como yo a hablar sobre el electromagnetismo para hallar la genial relación entre el campo eléctrico y el magnético, ya que esa relación instituyó la apertura a la más grande brecha prescrita por la física del siglo XIX, y gracias a ella en gran medida, el desarrollo posterior de la revolución tecnológica.

Sin abandonar la continuidad del relato, Martínez tomó con fuerza el timón del bote y comenzó a esquivar el viento con cabriolas enloquecidas que en pocos segundos se tornaron más que atrevidas. Sus palabras se volvieron inaudibles entre el choque del bote con el agua y el temor de los tripulantes ante tan impulsivas maniobras que insistía en librar, absorto en un juego que pretendía obtener una respuesta diferente, mientras sostenía en su mano izquierda una brújula obsesa en una dirección diferente a la que él intentaba obligarle.

– ¿Intenta usted corroborar con nosotros adentro del bote lo que ya es un descubrimiento de varios siglos atrás? –interrogó a Martínez la señora Lotenz con notoria molestia.

Las palabras de la señora Lotenz lo hicieron salir de su tonta obstinación. Irguió su postura en un pretendido intento por encubrir el desafuero que segundos antes le impidió reflexionar. Tanteó una explicación por su descuido, pero poco a poco sus palabras se fueron convirtiendo en una extensa entelequia entre las causas y los efectos reductos de algunos descubrimientos. Segundos después, aún turbado reconoció su torpeza, se tomó un instante y retomó el hilo de la conversación.

Cómo les contaba, desde la edad temprana de colegial comenzaron los apremios por su saber, y en la adolescencia Albert se dedicó a las matemáticas y al cálculo diferencial e integral, pero como siempre ocurrió en su vida, ir un poco más allá lo metió en apuros. Para algunos de sus maestros del Gimnasio Luitpold el colegio en que estudió en Múnich, su forma de ser también les resultó perturbadora. Y era comprensible, siendo una institución cuyo sello distintivo era la disciplina militar, su actitud desenfadada provocaba irritación en ellos. En una ocasión, ante un comentario de Albert un profesor vociferó: "Preferiría que usted no volviera a clase". A la corta edad que tenía el joven sólo atinó a contestar, "pero, si yo sólo quería una respuesta, ¿de qué me culpa?". "Lo que pasa es que su sola presencia en la clase basta para destruir todo respeto". Ese no fue ni el primero ni el último de los enfrentamientos con sus maestros, con cierta regularidad se repitieron similares escenas. Entonces, sin la perspectiva de cambiar la situación en el gimnasio, lejos de su familia instalada unos años atrás en Italia, y convencido de no poder soportar más el tono autoritario imperante en su formación, se valió de un recurso consentido por la institución, consiguió un certificado médico para sustentar su padecer de agotamiento nervioso. Se fue a Italia con los suyos, allí se dedicó durante un año a descansar, a pensar, a pasear y a conocer, pese a los creciente temores que frente a su actitud despertó en su padre, temores que no eran infundados, ya que el joven Einstein se conformó con deambular en condición plena de vagancia.

Escuchar datos tan guardados en el olvido me tomaron por sorpresa. Ante el improvisado itinerario me resultó imposible evitar caminar de nuevo por mis largos años sobre La Tierra, y tuve que reconocer que la vida me guio de una forma extraña, crecí rodeado del misterio de la electricidad, y a los doce años cayó en mis manos un libro de geometría euclidiana que me dejó casi pasmado, el mundo de las leyes naturales con su claridad, su exactitud. Ese libro me dio la libertad que no permitían mis profesores del colegio. Ellos inculcaban un método memorístico eficaz, pero capaz de extirpar el espacio deductivo conducente al pensamiento autónomo, un método que mella sigilosamente la confianza del alumno para pensar por sí mismo. Me cansé de mediar con ellos esa absurda forma de razonar sus métodos pedagógicos, y mi terquedad me condujo por otra senda. Una vez logré distanciarme de todas las contrariedades que mi conducta provocó a mis maestros, me di a la tarea de iniciar mi propio camino.

— Dígame usted señora Lotenz, ¿le gusta la tranquilidad del lago en que nos encontramos?

— Mucho. Mi preferencia es por las aguas tranquilas, yo navego a menudo, aunque de dónde vengo los lagos son diferentes, y en nuestras noches turquesa me complazco en dormir bajo nuestra única estrella para disfrutar de la sin igual inmovilidad de los glaciares. Aunque he de confesar que no con un sombrero tan particular –seguida de la última frase se escuchó un ladrido aprobatorio, y luego, ella retomó–. ¡Ah! sí, Antrux puede dar fe de eso, siempre lo hago en su compañía.

— Bueno, permítame aclarar su alusión al sombrero ridículo, pues contrario a lo que parece es un detalle importante en la vida del personaje.

— Sí, creo haberlo entendido con su explicación anterior. Es admirable su idea de sombrero, aunque no le prometo usarlo a menudo, he visto en diferentes mundos modelos que mejoran notablemente a éste.

— ¡Por favor señores! Es sólo un pañuelo –arbitró Flew Flew–. Mientras ustedes discrepan sobre un pedazo de tela, y el disfrute por algún lugar acuoso o inmóvil, yo no puedo apartarme de la aprensión atávica que a muchos nos asalta por una superficie móvil bajo los pies.

— ¡Qué raro! –inquirió Lotenz–. Un hombre que ve el mundo a través de la lógica filosófica que otros esbozan para entenderse a sí mismos y a sus congéneres, ¿teme cuando siente que algo impide a sus pies ampararse con firmeza? ¡Bueno, todos tenemos derecho a temer a nuestros propios fantasmas! –se respondió a sí misma sin esperar una respuesta de Flew Flew. Esperó un instante y retomó la idea–. Aunque no deja de extrañarme que un filósofo cuya disciplina es tan móvil como el ser, se asuste al no tener una verdad contenida bajo sus pies. ¿Cuéntenos a qué se debe Flew Flew?

— En mi oficio se debe capturar el mayor tiempo posible cada instante, de lo contrario el ser se disolvería en una incierta movilidad, ofuscando la observancia del discurrir histórico del pensamiento. Mire usted señora Lotenz, le daré un ejemplo sobre el contexto que tratamos. Probablemente desconocen que durante mucho tiempo la filosofía terrícola para sus nativos tuvo una labor de tipo metafísico, en tanto su prioridad fue dar una explicación poco racional sobre la existencia de Dios, sobre la inmortalidad del alma, sobre el carácter de la creación del mundo. Sin embargo, Kant con su filosofía pone en discusión esa pretensión al demostrar que es imposible para la razón establecer un conocimiento sobre si Dios existe o no, sobre si el alma es mortal o inmortal, o sobre si el mundo es creado o eterno. Se dedicó a asegurar que el único camino de la crítica es definir los límites de la razón para dar espacio a la ciencia, sin pretender un conocimiento fuera del ámbito empírico...

Las palabras de Flew Flew me recordaron numerosas tardes discursivas entre amigos, volver a ver cómo mientras emitía estas frases comenzó a frotarse la barbilla, un gesto muy usual entre quienes tratan estos temas, al parecer en ese sitio de la cara se encuentra un dispositivo que los transporta por encima de la superficie, cualquiera que sea la superficie en la que se encuentren. Durante cortos espacios de tiempo debatíamos las conclusiones de inmensos periodos temporales, pretendiendo desentrañar inconmensurables interrogantes a riesgo del anatema, pero a diferencia de personas como Flew Flew, yo me dediqué a uno de ellos hasta resolverlo, no me quedé pensando, repitiendo o refutando las palabras de Kant, de uno u otro, y no por eso dejo de condescender con que algunos ratos dedicados a esas divagaciones resultaron liberadores, pero preferí dedicarme a la ciencia y tomar lo mejor de Dios para mí.

En la medida en que las meditaciones de Flew Flew, adquirían mayor complicación, la señora Lotenz comenzó a esbozar la misma sonrisa que asciende por las mejillas de Anaagüe cuando Miguel se extiende al hablar; Antrux no pudo sustraerse a la opinión de su dueña, también reconoció en Flew Flew las manías de Miguel y le abrió paso a un sonoro bostezo antecesor de su siesta a media mañana. Martínez, sostenía su quijada con la mano izquierda acodada sobre la rodilla y el dedo meñique jugueteando con los dientes delanteros, pero Flew Flew, como de costumbre, no se percató del sentimiento generalizado de sus oyentes y continuó ensimismado, mientras su barbilla parecía adquirir más punta. Después de muchas palabras incomprensibles, dijo...

—Esa fue la gran revolución en filosofía a finales del siglo XVIII. A comienzos del XIX, dedicaron grandes esfuerzos en mostrar cómo salir del problema planteado por Kant. Filósofos y científicos expresaron cómo se puede tener conocimiento en el ámbito empírico de la experiencia, pero sobre temas como Dios, el alma, y las creencias, coincidieron en que a pesar de que resulte fundamental interrogarse por esos aspectos de la existencia, se puede acceder tan sólo a un conocimiento externo sobre el particular, sin pretender conocer la injerencia total de ese campo. También añadieron que sí resulta posible alcanzar el conocimiento sobre los entes particulares dentro del ámbito de la ciencia, pero sin ambicionar una instrucción total sobre su figuración en la inmortalidad.

— Pero, pero ¿de qué estás hablando? –interrumpió Lotenz confundida.

— ¿No te das cuenta? Dejas que en Flew Flew se filtre el mundo discursivo de papá.

— También lo noté señor Martínez, –volvió Lotenz, tratando de traerlos de vuelta al juego–. Flew, ¿le puedo decir así o su nombre reiterado es necesario para ganar su atención?

— No se afane –la tranquilizó con un leve movimiento de la mano.

— ¡Bien! Ahora, explíqueme una cosa. Sin la intensión de negar la importancia de la disciplina en la que nos trata de instruir, no entiendo por qué sus explicaciones resultan fatigantes.

— ¿Eso piensa de la labor que desempeño?

— No, eso pienso de usted, y bueno de otros tantos que se comunican de forma parecida.

— ¡Ah, gracias, es gratificante saberlo!

Como el golpeteo de un aguacero en ciernes sobre un tejado, la risa de Martínez comenzó a oírse en tono muy bajo, casi disimulada, hasta terminar contagiando a todos. Martínez intentó un nuevo acercamiento a Flew Flew entre pequeños espasmos de risa.

— Dígame algo, porque cuando lo escucho, por momentos parece hablar en otro idioma, apenas unos pocos si lo entienden.

— Ellos en sí mismos son inexplicables, lo sé porque uno de mis siete abuelos era dragunsiano, la mayoría de los dragunsianos son así, afectos al arte del discurrir incesante.

—Interesante estirpe la suya mi señora, y aunque no pretendo comprender la procedencia de la basta capacidad discursiva de nuestro amigo Flew Flew, preferiría evitar una discusión sobre la personalidad dragunsiana, tema en el que no soy muy versado. Prefiero volver al punto que nos ocupa. ¡Saben!, una cosa que siempre me ha llamado la atención sobre nuestro personaje es que solemos suponer que era dueño de un cerebro con mejor maquinaria que la de los demás mortales, y en apariencia no era así. No fue un alumno destacado, sus notas nunca se distinguieron, y para acceder a la ETH (Escuela Politécnica Superior Confederal) de Zúrich, tuvo que estudiar un año en la escuela del condado de Aargau en donde recibió un certificado de finalización de estudios y por fin pudo ingresar a los estudios superiores. Sus compañeros fueron testigos de los infinitos esfuerzos a los que se vio sometido para avanzar en sus estudios.

Tiempo después, en una entrevista, uno de sus mejores amigos aseguró que a pesar de que en esa época juvenil no se dieron a la tarea de comprender el proceder de Albert, más adelante comprendieron la extraordinaria capacidad para desentrañar el problema matemático más mortificante, y mientras lo hacía podía obtener sugestivas y novedosas deducciones sobre el tema. En cambio, la sola insinuación de tener que aprender cosas de memoria lo enojaba, impidiéndole seguir el ritmo de aprendizaje de sus compañeros. Luego, recordó que el día en que comprendieron cómo operaba esa situación en Albert, se hizo frecuente entre sus compañeros una broma sobre su excesiva costumbre de poner todo en duda. Solían decirle que no iba a quedar nada en los textos que no hubiera puesto en duda, y que de seguir haciéndolo no les dejaría nada para aprender. Aun así, nunca lo consideraron un criticón, sino que en ocasiones los desarmaba el hecho de que fuera el poseedor de una inquietud tan desmesurada frente a cosas que no representaban ninguna ambigüedad para nadie más, y sin embargo en él engendraban los interrogantes más inusitados.

— A eso quería llegar hace unos minutos –saltó Flew Flew entusiasta–, cuando traté de explicar el movimiento de mentes que se fue gestando en su época. Estoy convencido de que Einstein respondía a un precedente innegable en su vida, el de pertenecer a una familia judía, porque con un alto nivel de probabilidad, allí debió originarse en él la fogosa inquietud sobre la relación entre religión y ciencia, que tan vehemente solía expresar, al recordar que lo misterioso es la experiencia más hermosa que podemos tener, porque el misterio constituye la emoción fundamental que se encuentra en la cuna del arte y del saber científico verdaderos. Valoraba cómo ese prodigio del universo manifiesto en cada revelación, tiene que ver con el conocimiento de algo que impide penetrar nuestras primitivas percepciones de la razón más profunda, y de la más radiante belleza que habita el estremecimiento y la emoción del auténtico sentimiento religioso.

— Flew Flew tiene razón, pero no olvide la afirmación tajante que siempre sucedía a lo que acaba de mencionar: El que no sabe esto, no será capaz de hacerse preguntas, ni de maravillarse, es como si estuviera muerto, y sus ojos estuvieran cubiertos por una venda.

El recuerdo de mis palabras en boca de Martínez instaló la reflexión en todos; a mi memoria llegó la refutación que hizo un teólogo a la opinión de un científico. El teólogo explicaba cómo la inquietud que le generaron las matemáticas se constituyó en la línea que lo condujo a reflexionar sobre la existencia de Dios, y los resultados de sus análisis le hicieron dudar de la Biblia, pues las cosas que allí se encuentran no son científicamente comprobables. Pero muy hábilmente también explicó cómo por fortuna la confianza siempre se la devolvió la naturaleza, principal punto de enfoque en el estudio de la ciencia, y su explicación la redujo a una frase: Porque es en ella que está Él.

Escuchar a estos improvisados navegantes me acarrean muchas remembranzas, resuena en mi mente Fritz Mühlberg, un profesor extraordinario, hijo de un tintorero de Aarau, quien me impulsó a pensar en cuestiones científicas cuando me dediqué a estudiar pedagogía aplicada a las matemáticas y a la física. Creo que después de mi padre con su distraído regalo, fue el profesor Mühlberg mi mejor incentivo para seguir en el campo de la física. Él tenía la idea de que la capacidad y el gozo de crear valores espirituales, de acrecentar el saber y de comprender las verdades halladas por otros, han de estimarse mucho más que la posesión de todas las materias que se enseñan a los jóvenes. He ahí una de las mejores enseñanzas que encontré en mi época escolar, aunque no fueron guiadas por la institución, porque igual que Bernard Shaw, desde chico nunca consideré que en la escuela aprendiera cosas más interesantes de las que aprendía por mi cuenta sin la presión de memorizar lecciones para aprobar los exámenes.

Así que, una vez me liberé de estos condicionamientos escolares inicié una orgía realmente fanática de pensamiento independiente, fue una increíble experiencia. Sospeché de toda clase de autoridad, y comencé a creer en que el Estado engaña intencionalmente a los jóvenes con toda suerte de mentiras. Incluso fui escéptico en cuanto a las convicciones generales, pero eso sí, mantuve una cosa clara, el paraíso religioso de mi infancia, mi primer intento de elevarme por encima de una existencia autocentrada, lo conservé intacto.

Al recapitular estos pasajes de mi existencia, me doy cuenta de que la vida me hizo una jugarreta, al no permitir guiar mis pasos como creí me tocaría. Por ejemplo: Uno de los requerimientos para la admisión en la Universidad instaba a confesar casi con la mano derecha en alto, cuál era mi proyecto de vida y los propósitos que dirigían mi inclinación por la física, y con la mayor franqueza escribí: Voy a estudiar física, supongo que me convertiré en un maestro de escuela encargado de la parte teórica de las ciencias. He aquí que como individuo me inclino por el pensamiento abstracto y matemático, lo que origina mi falta de imaginación. Me temo que quedaron algo sorprendidos cuando lo leyeron. Incluso, más adelante, uno de mis profesores me preguntó: ¿Por qué estudia usted precisamente física, por qué no estudia mejor medicina o jurisprudencia? Y sin recato contesté, porque me falta talento para esas materias, y ¿por qué no intentar por lo menos con la física?

De manera que si de reflexionar se trata, pienso que los métodos modernos de educación casi logran estrangular mi curiosidad juvenil, no imagino qué hubiera sido de mí sin la obstinada idea de alternar mi indisciplinado deseo por preguntar con los métodos pedagógicos utilizados en mi tiempo, y aunque tanto profesores como alumnos pensaban que era absolutamente necesario seguir ciertas formalidades, contrarias a mi imaginario como asistir a clase y aprender al pie de la letra lo que indicaba el profesor, logré persistir en la infinita necesidad de ser libre, eso me mantuvo vivo hasta en los peores momentos.

Pese a que para los demás poseía un muy particular discurrir mental, durante toda mi vida traté de mantener un gran cuidado al dar mis opiniones. En una ocasión Max Planck mi meritorio compatriota alemán, me envió algunos apuntes con el objeto de recibir mi opinión; en efecto me dispuse pero antes, como tuve por costumbre, pedí ayuda a un par de alumnos para revisarlo, y durante el proceso les hice caer en cuenta cuál era el error del documento, y los muchachos entusiastas quisieron escribirle de inmediato para señalárselo, entonces los detuve y les indiqué cómo se debía prestar un verdadero servicio, no vamos a decirle al Doctor Planck que tiene un error en su manuscrito, sino que encontramos una imprecisión, y así lo hicimos.

— ¿Es cierto Martínez que debido a sus notas poco notables cuando Einstein se graduó nadie lo quiso contratar? –preguntó la señora Lotenz algo incrédula, con una sonrisa socarrona en sus labios.

— Pues, aunque lo considere risible señora Lotenz, en Zúrich el único ofrecimiento laboral que recibió fue una cátedra. ¡Y no se imagina lo difícil que le resultó hacerlo! Parece ser que a sus alumnos les resultaban muy aburridas sus clases. Hasta él mismo se distraía a menudo, quedaba como ido en sus propios pensamientos olvidándose de que tenía alumnos mirándose de reojo entre sí a la espera de sus respuestas, despistados por lo que el profesor dejaba de decir o por lo que sí decía, con ideas poco claras; y para completar, el tono monótono de su voz era equivalente a tomar clase en una mecedora.

Por alguna razón, distante de los desastrosos resultados de sus clases, los colegas lo consideraron un hombre capaz, brillante, y tenían confianza en que algún día se convertiría en un buen maestro, y ese día llegó, al encontrar su propia metodología. Comenzó a acercarse a los alumnos, porque siempre opinó que el deber del maestro consiste en mantener la alegría por lo que hace, y a su vez debe transferir esa alegría a sus alumnos para acrecentar las ganas de conocer y el deseo de crear.

El comentario de Martínez logró sacarme de mi compostura fotográfica, quise sin más saltar del poster en el que me encuentro. Me resulta inevitable cierta mortificación con respecto a la expectativa que mis alumnos mantuvieron durante algún tiempo alrededor de las revelaciones que no acerté a expresar de forma adecuada. Aunque hay algo que me da consuelo, hallé la manera para alejar a los estudiantes de retener la información memorísticamente, les generé la curiosidad por el nuevo conocimiento y hasta convencerlos de la posibilidad de reinventarlo. Tenía la claridad de que los libros poseen buena parte de la información, pero la otra parte se debe construir, y en eso me concentré. ¡debía ayudarlos a pensar! Y por eso, siempre me oyeron repetir: ¡Si se encuentran ante un tema desconocido será suficiente con pensar! De esa manera tendrán la calma para analizar y aprender.

— Al salón entraba un hombre bonachón vestido de una forma particular, los pantalones siempre le quedaban cortos, la mayoría de sus trajes estaban raídos, era capaz de asistir a un concierto de invierno con sombrero de paja propio del verano, pero empezaba a hablar y todo eso quedaba atrás. Llegaba con una tarjeta, en ella sus notas de clase, y estando allí empezaba a desarrollarlas, ese hecho llenaba a sus alumnos de esperanza, les permitía creer que para producir ciencia en realidad bastaba con pensar, por lo menos en principio, y eso ellos sí lo podían hacer, no era propiedad exclusiva del profesor todopoderoso. En algunas ocasiones cuando frente a ellos presentaba una fórmula, los alumnos comenzaban por ver sólo la fórmula, y con el paso de la explicación, notaban cómo él mediante la observación de su contenido físico, transformaba su pensamiento y en pocos minutos los sacaba a todos a la estratosfera o los introducía en el corazón de un átomo. Los alumnos terminaban por entender que su clase era diferente, una de las principales razones era que para él no se cometían errores, sino imprecisiones, y por eso la reflexión era prioritaria. Tanto así que las preguntas que extraía de sus alumnos eran lo que llenaba el contenido de sus notas, y esa actitud daba la oportunidad a cada estudiante de plantearse un aprendizaje con ritmo propio.

Eso lo hacía confiable, sus alumnos sabían que podían confiar en él, pedían constantemente su opinión en diferentes campos, porque para aquel profesor el hecho de dar un consejo no exigía su cumplimiento, ni obtenían su desaprobación en caso de no ser tenido en cuenta su consejo; al contrario, siempre encontró una justificación cariñosa para entender la decisión final de sus alumnos cualquiera que esta fuera. Por eso con él podían tratarse los temas más variados. Muy a menudo les hacía favores, los recomendaba sin titubeos, porque desde tiempo atrás entendió por experiencia propia, en qué podía convertirse la vida laboral de un joven sin una recomendación, y nunca lo olvidó.

Pese a la circunstancia que acaba de relatar Martínez, Zurich es una ciudad de la cual guardo grandes recuerdos, allí hice amigos muy especiales, Marcel Grossman y Michel Besso, colegas de enorme valía y apreciables confidentes. Allí me enamoré perdidamente de Mileva Maric, mi primera esposa, madre de mis dos hijos Hans Albert y Eduard, la mujer a quien seguí siendo fiel incluso después de irme de su lado, siempre encontré una manera personal de serlo. Mileva me parecía una mujer libre, y quizá fue ese deseo el que se truncó cuando vivimos una inolvidable luna de miel anticipada, durante una visita que hizo a Italia, donde me encontraba subsistiendo del poco dinero de mis padres ante la imposibilidad de conseguir un trabajo.

Y para terminar de responder a su pregunta mi señora, sí fue una difícil situación la que padeció el genio al pretender conseguir un empleo. Pero, ahora que usted lo pregunta, viene a mi mente una frase que suele repetir mi abuela: "Si un mal se presenta por un bien será", y siempre que la repite emana en la comisura de sus labios una suma confianza –respondió Martínez con otra sonrisa guasona, mientras mantenía su mirada fija en Lotenz.

Una vez se trasladó a Berna, con la esperanza de empezar una vida laboral estable, comenzó a trabajar en la oficina de patentes. Trabajar en una oficina de patentes parecería aburrido, pero le dio el dinero para mantenerse, y como no le representaba un esfuerzo exhaustivo pudo dedicarse a lo suyo, a pensar. Y lo mejor de todo y lo más beneficioso, no tuvo que fungir como el asistente de ningún físico reconocido, lo pudo hacer él solo por otro camino al acostumbrado. Sus primeras publicaciones las produjo encima de los papeles de las patentes de algún inventor tan desconocido como él.

Al concluir la frase, Martínez guardó silencio, empuñó la mano, la posó sobre sus labios, y observó atento con el propósito de averiguar qué pretendía Flew Flew, al pasearse tambaleante por el bote a expensas de la preocupación que suscitó a todos al moverse al ritmo del bote; su cuerpo parecía ser maleable como el caucho, casi se podía doblar en dos, en tres y hasta en cuatro. De un momento a otro y a la sombra de la mirada inquisidora de todos, Flew Flew abandonó su acostumbrado ensimismamiento y con su ceño apresado de arrugas, dijo:

— De gran relevancia lo que acaba de relatar el profesor Martínez. Sin embargo, considero esencial retomar las ideas que alcancé a esbozar antes para instruirlos en torno a algunos antecedentes filosóficos de ese momento, y con ello contribuir en la expansión de lo que Martínez nos acaba de referir –ante el auténtico entusiasmo que cobijó su irrupción, todos guardaron un cauteloso silencio para dar oportunidad a lo que Flew Flew insistía en decir.

Al repensar las ideas que exploré un rato atrás, vuelvo a que después de mucho escucharse en torno a las cavilaciones kantianas, entre 1800 y 1830 empieza en Europa un movimiento de reacción muy fuerte, en él Fichte, Hegel, Schelling, Hölderlin, intentan responder al reto planteado por Kant, unos con mayor éxito que otros. Quizás quien obtuvo mayor aceptación fue Hegel –comentó dubitativo–, porque básicamente demostró que sí se puede tener conocimiento del absoluto, pero hacerlo supone una comprensión de la experiencia no sólo del ámbito sensible sino del absoluto. Es decir, la experiencia la absorbe la conciencia, y la conciencia no está amarrada a las cosas, porque lo que nosotros llamamos experiencia no está en las cosas, el carácter de experiencia lo da el tipo de objeto, no existe una experiencia de la conciencia. También afirma que la ciencia, o al menos las ciencias que él conoció están inscritas dentro de la naturaleza; correspondiente al momento de la exteriorización del concepto donde se generan los conceptos sensibles, pero eso debe trascender hacia la filosofía del espíritu y por ende es vital contemplar la política, el arte y la religión. Quizás por eso al morir en 1831, se presenta una crisis en el pensamiento, en un momento en que los cambios eran ineludibles, pues la consolidación de la revolución industrial era inminente.

— ¡Espere, espere, alto! Supongo que habla de una crisis similar a la que me acaba usted de provocar con su explicación. Flew Flew por qué no ensaya a decir lo mismo, pero, con otras palabras, aquí no está frente a sus discípulos en Druguns, simplemente estamos Martínez, Antrux y yo. Cuénteme qué pretendió decir antes. Dígame cuál es la relación que pretende establecer entre los filósofos que nombró, los acontecimientos que caracterizaron ese periodo, y el personaje que viene describiendo Martínez. ¡Ah!, y… ¿sería mucho pedir que su ilustración no me aburra? –se atrevió a demandar la señora Lotenz mientras recogía al filo de los ojos todo su rostro en un gesto que parecía vaticinar un posible ataque por parte de Flew Flew.

Antrux se acercó furtivo al puesto de Flew Flew y cuando este intentó atender a su cercanía y se volvió a mirarlo, sin dar espera el canino aprovechó, dio un zarpazo halándolo del cuello de la camisa de tal forma que su nariz alcanzó a rozar el agua del lago. Por un momento reinó el desconcierto. Y por primera vez se hizo consciente de lo sucedido, un escalofrío recorrió su cuerpo como un espasmo intruso que lo sacó arrebatadamente de sus pensamientos. Quizás la perspectiva de un chapuzón era cuanto hacía falta para que Flew Flew reaccionara a las repetidas súplicas de sus acompañantes.

— Creo que es buena idea la de Antrux –intervino Lotenz–, debería empezar por soltar el broche de su cuello, podría ayudarle a aclarar las ideas y de paso las palabras.

Un golpe atronador sacudió el bote, acto seguido el motor se apagó sin motivo aparente. Después de innumerables tentativas frustradas para darle arranque, los recuerdos encendidos en boca del profesor Martínez palidecieron. El silencio reinó por un rato. La calma del lago los sosegó, el graznar de los patos y el viento se convirtieron en el verdadero arrullo del lugar. Flew Flew permaneció por un momento infinito con los ojos fijos en el horizonte, sin parpadear, nada más sintiendo, sintiendo. Hasta yo terminé por comprobar porqué siempre que requerí tomar un respiro, sentí un deseo imparable de salir a navegar. Por eso cuando me preguntaban por mi afición a navegar, respondía que mi gusto al hacerlo obedecía a que en un espacio como este se piensa mejor, no hay nada que impida hacerlo, todo lo favorece. Aunque nunca confesé la verdad total; debía haber dicho que cuando lo hacía correspondía a momentos en que mi mente se encontraba atiborrada de preguntas sin resolver, y que el vaivén del agua, el viento fresco y la naturaleza siempre cumplían con la tarea de soplar a mi oído las respuestas que unas horas antes no tenía, dándome la calma para volver a tierra firme.

Un instante después, a Flew Flew lo invadió una sensación por completo ajena. Las miradas recriminadoras que con frecuencia recibía a sus comentarios, se alinearon con la regularidad en que su horizonte comprensivo resultaba dudoso dentro de una charla. La verdad es que tanta información en su haber le obliga a abstenerse de prestar la atención a lo que sucede a su alrededor, y aunque eso indica una especial pasión por el saber, en la medida en que su pensamiento se acelera y se adentra en un tema, se olvida de quien lo escucha, convirtiéndose en un parlanchín incomprensible, imbuido en un extenso monólogo capaz de un sinigual virtuosismo verbal. Sin embargo, en esta ocasión, el silencio y la quietud lo llevaron a comprender el porqué de su inefable incapacidad como escucha, y por unos instantes sus ideas se tornaron más lentas y pausadas, y al escucharse dentro de ese nuevo estilo verbal se desconoció. Reaccionó de su enajenación y saltó al timón del bote, lo condujo a tierra firme sin consultar a los demás. Despacio, pero con determinación el viento cesó, y paulatinamente el agua desapareció. El atardecer reemplazó los colores de la luz que disfrutaron horas antes en el lago y de nuevo fueron rodeados por la penumbra en la sala de la cabaña.

La inquietud de Miguel ensombreció un día por completo inusual, y aunque es comprensible su padecimiento no deja de ser una lástima, porque corresponde a un hábito social de buena parte de la intelectualidad. Al parecer la erudición acarrea ese problema, un entusiasta y repetitivo infarto a la lucidez comunicativa para con quienes no saben lo que ellos sí, convirtiéndose en una actitud que indefectiblemente los conduce a bucear por sus disquisiciones a solas, así que la incomunicación se magnifica. Ahora entiendo el motivo por el cual en muchas ocasiones prestar atención a ese tipo de personajes me costó tanto, al punto de pasar por descortés.

Capítulo 3.
Otra frecuencia

¿De qué sirve conocer el peso específico del hierro si carecemos de fórmulas mediante las cuales podemos relacionarlo con otras cantidades? Se preguntó en 1969 Bunge (p. 7). Interrogante cercano al planteamiento de Carrizo (2003) en el cual alude a que la Implicación es el operador lógico que propicia el diálogo entre la disciplinariedad e interdisciplinariedad posicionando la actitud transdisciplinaria como un metanivel sistémico de esa relación (p. 34), el cual debe incorporarse a teorías si ha de convertirse en una herramienta para la inteligencia y su aplicación. De modo que aquello entendido por método científico, no sea potestad de las llamadas disciplinas científicas, sino de la organización de un sistema híbrido como parte de una estrategia cognitiva autopoiética que arroje un resultado autoorganizado, en el cual la experiencia del individuo y su lógica de análisis postule inéditas perspectivas sobre la realidad.

En los capítulos anteriores se planteó la relación entre discursos disciplinares envueltos por *La palabra-imagen.* Ahora veremos cómo la comprensión individual sobre la realidad afianza el conocimiento que ellos transmiten, y la alternancia de formas expresivas y/o comprensivas llevan a pensar en otros talantes para las palabras, en otros recursos para procesar el pensamiento y trasponer el saber disciplinar, mientras se amplían los niveles de comprensión sobre la realidad. Por su parte, la ENC exhorta a investigar con la vista puesta en la construcción de imágenes narrativas, con el objeto de perfilar la transdisciplinar la realidad que de la práctica de *La palabra-imagen* emerge.

Después de la sorpresa que les produjo a los personajes su incursión en otro universo ficcional, novedoso incluso para ellos; en el siguiente trayecto "El inicio del juego", Albert Einstein quien en apariencia se revela sólo para el lector como un narrador omnisciente o extratextual, tácitamente ingresa en la acción interna, mientras para los personajes constituye su objetivo narrativo al compartir la información que acopiaron durante la investigación. Además, se adentran en el espacio metaficcional creado por ellos al momento de jugar, a la vez que dan rienda suelta al metarrelato, las historias paralelas de la paraficción construida por la memoria histórica (investigación), la ficcional (literaria), y la metatextual (complejidad).

3. PENSAR DIFERENTE PARA LOGRAR OTRO MODO

Me asalta la duda de si el proceso metodológico formulado por mí corresponde a una episteme, o a un proceso epistémico que desde el punto de vista del investigador supone la lectura de la realidad que cada autor vierte en sus historias. Duda que me vuelve hacia las palabras de Popper (2008), quien en la cuarta tesis que formula en su ponencia *La lógica de las ciencias*, afirma que el comienzo del conocimiento no se da por percepción, observación o recolección de datos; el verdadero comienzo lo origina el reconocimiento de los problemas (p. 12-13), eso que trasluce una alteración en nuestro supuesto saber.

La palabra-imagen edificada por los Estudios Literarios exhaló un aire de nuevos atisbos con enfoques interdisciplinares que contribuyeron a perfilar una fórmula transdisciplinar, que reconvierte la propuesta inicial en una invitación que Lanz (2010), describiría como un "conjunto de anclajes epistemológicos que tipifican un cierto modo de pensar, ... una caja de herramientas que establece sus propios protocolos de pertinencia ..." (p. 16), conducentes al propósito fijado desde el comienzo, transmitir representaciones comprensivas individuales sobre la realidad que nutre el perfil transdisciplinario de la literatura.

Autores como Lanz aseveran que: la crisis de paradigmas abrió la compuerta para todo tipo de intercambios [proponiendo] buenas combinaciones que tienen la virtud de "irrespetar" las alcabalas epistémicas del pasado –aquéllas de los paradigmas cerrados y en disputa– (p. 14), en que redunda un discernimiento propicio por la comprensión simultánea de elementos dando paso a otra red comprensiva, un tejido complejo que transpone lo cerrado en multiforme. De tal manera que no reproduce la realidad, sino que recrea a cada paso la capacidad de adaptación y autopoiesis, ya que ni el sistema ni el entorno pueden emitir respuestas al cambio, sin antes producir ajustes en el otro (Rosenau, 1997). Así, mientras se concierta el sistema complejo, se abre paso a su respectivo proceso de autoorganización.

Entonces, si aceptamos que la factura de *La palabra-imagen* desvela fracciones interpretativas de un todo individual como gozne con lo aleatorio en la escritura de época, como una poética cognitiva frente a los presupuestos paradigmáticos de los que se parte; equivale a la construcción de una plataforma tecno-procedimental de naturaleza investigativa. Por eso *La palabra-imagen* cuenta en su haber un proceso de investigación externo y otro interno que desde el punto de vista narrativo produce un diálogo emergente que dispone a la investigación como una herramienta trascendente para la creación.

En tanto eso, puede afirmarse que, para pensar la vivencia posmoderna como un escenario para la escritura de creación resulta dable considerar la metaficción como componente prioritario (Bustillo, p. 9), que las nuevas posibilidades de análisis aportan, imprimen, señalan, equiparan y hasta reivindican el ilimitado poder que aún se le concede a la razón como mecanismo de interpretación para el conocimiento de la realidad. Este es el punto donde comienza a primar la capacidad argumental de cada autor como la capacidad para tejer narrativamente una historia que encuentra posibilidades en el surgimiento de personajes, nuevos enfoques, diversos caminos para contar, mientras se construye la verdad interna del texto, su propia realidad investigada en la realidad externa como precedente. Es la capacidad de argumentación la que permitirá alcanzar descripciones y reflexiones contextualizadas que por sí mismas esgriman posibilidades relacionales a la idea que dio a luz la historia temática que se trata.

Esa articulación está compuesta por agenciamientos de verdad que generan nuevas actitudes frente a lo empírico, lo lógico y lo racional, una visión analítica que observa la realidad como un sistema transdisciplinario, el cual establece su propio repertorio de nociones, conceptos y categorías; pues no se trata sólo de explicar o exponer, sino de dilucidar, traducir y transformar, "...permitiendo un diálogo franco entre esas muchas formas de saber: el discurso histórico, el científico, el psicológico, el social, y el pedagógico, entre otros; con el fin de entender los retos del hombre, y específicamente, para propender por discursos incluyentes y diversos" (Gutiérrez, p. 95).

A continuación, presento un texto que fue concebido como reflexión narrativa para acompañar un proceso de investigación propuesto a diversas comunidades –dentro de un Diplomado en Inclusión Social–. El propósito particular de mi propuesta consiste en afinar la lectura de la realidad de los actores de una comunidad para que sean ellos quienes produzcan la reflexión argumental sobre sus realidades no inclusivas, a través de acciones investigativas multidisciplinares, pero guiadas por y desde la misma comunidad.

3.1. Investigar la realidad para resignificar las imágenes[1]

"La realidad es aquello que, aun cuando dejas de creer en ella, no desaparece".

(Dick, 1978)

Al presente texto le interesa enfatizar sobre dos puntos, ambos aluden a la comunicabilidad de un proceso de investigación. El primero, tiene que ver con la observación de la realidad y la consecuente lectura que sobre ella se hace. El segundo, se relaciona con la narrativa que transformará esa primera lectura. De ahí el aporte que la literatura puede ofrecer para concretar una investigación desde la persuasión ficcio-

1. Corresponde a una parte del Diplomado en Inclusión Social, en el cual cinco aptitudes disciplinares dispuestas en módulos proveen opciones de análisis sobre sus respectivos contextos. Pontificia Universidad Javeriana de Bogotá, 2014.

nal que le es propia. Entonces, la prioridad será preguntarnos ¿cómo transformar esa primera impresión, esa primera inferencia que tuvo lugar a partir de la comprensión sobre una realidad? En otras palabras, ¿qué barreras traspasar para que esa primera percepción se transforme y cumpla una función social de aprendizaje recíproco dentro de una colectividad? Sin duda, al intentar una respuesta será determinante apelar a la capacidad innata que todos albergamos para volver a crear relaciones sobre el tema en cuestión, de forma que, en este caso, la intención narrativa permita la redisposición de la realidad en la que se reparó, se auscultó y después se testimonió, y así redescubrirla a partir de una nueva comprensión recreada por la lectura individual, al permitir que la intuición conduzca nuevos arbitrios argumentales sin concluir aún.

Por eso, la observación atenta sobre una realidad es el punto de partida de la actividad investigativa, conduce al conocimiento "real" o parcial que de ella se desprende, al generar gradaciones en la búsqueda de los elementos que la ensanchan. Es el observador-investigador quien abre el espectro cognitivo, una actitud capital para la investigación que relaciona dos criterios prioritarios, indagación y aprehensión. Criterios que a su vez acortan el camino hacia el relato, pues al aprehender e indagar una traza de la realidad, se conforma la senda propicia para proclamar al relato como otra disposición del conocimiento producto de la investigación, ya que el relato también apela a recursos conjuntos en el acto de comunicar mediante un procedimiento común que indaga, observa, identifica, ordena, analiza, correlaciona, concluye, reordena, y formula; evidenciando a cada paso el resultado de una investigación objetivada o un relato ficcionado, según el producto. En cualquier caso, el fruto que se coseche contribuirá a razonar sobre variantes de una realidad, a partir de criterios que hacen deducible una lógica por demás subjetiva (Angarita, 2009).

La lectura de la realidad como investigación narrativa

Un evento investigativo entraña el deseo por indagar sobre una situación, suceso o aspecto, conocido-desconocido dentro de una realidad individual o colectiva de raigambre dual, pues difícilmente una existe sin la otra. De ahí que, en sí mismo, el hecho investigativo se forje gracias a la curiosidad y la capacidad del investigador para proveer una lectura sobre la realidad dentro de un entono específico, al percibir una o más variantes en la aproximación al tema de interés, hasta validar percepciones renovadas, que claro está, dependen en gran medida, de la idoneidad comunicativa de quien las descifra, aquel que en su momento se constituye como lector de esa realidad para desvelar el resultado de un proceso inmerso en un entorno social.

Alguna vez cuando Alfredo Barnechea (1997) indagó a Borges sobre la peculiar forma de enmarcar la realidad en sus escritos, dijo: "la idea de la realidad –aquello que llamamos realidad– puede ser modificada por un libro [o discurso]. Eso ha ocurrido muchas veces. Sin la Biblia, viviríamos en un mundo distinto" (p. 33). Al tratar de descifrar las muy disímiles cataduras que supone un tema como la inclusión ocurre algo similar, puesto que requiere de investigar una realidad para que al reparar en uno o más de sus aspectos, se generen otros muchos que acompañen el devenir de las incesantes perspectivas de análisis que a diario brotan sobre un tema tan vigente, en un mundo por demás inequitativo y excluyente. Ese devenir analítico, demanda el registro de diferentes puntos de vista, de experiencias y enfoques individuales que inscriben miradas particulares sobre la realidad en la que el investigador cifró su interés inicial.

Luego, dentro del proceso investigativo debe contemplarse la manera en que se hará la presentación de los resultados a la sociedad, y en ese momento se tendrán que tasar las posibles alternativas que lo faciliten. Las más frecuentes formas de exponer este tipo de resultados suelen afincarse en dos líneas de redacción, una de contextura académica, y otra de contextura literaria. No obstante, la opción por la que se decida debe considerar que una cosa es escribir desde una contingencia analítica teórica sobre una coyuntura temática, y otra cosa es volcarse narrativamente sobre su contenido, dando pie a una acción adyacente a la creación literaria. La primera, demanda conferir categorías descriptivas de tipo conceptual inmersas en un espacio abstracto. Al ubicar la resultante de la investigación dentro de un dominio analítico conceptual, se afirma el ejercicio de comprensión intelectual sobre el tema; en él, el raciocinio individual faculta como intérprete de la realidad a cada interlocutor, a la vez que abastece la creación del discurso. La segunda, privilegia una actitud autónoma para decidir su ubicación dentro del espacio narrativo ficcional, porque pese a que los mismos conceptos se encuentren insertos al interior de la historia narrada, y la conceptualización se trasluzca en una versión compuesta por el lenguaje narrativo, su abordaje debe flexibilizarse para optimizar otro tipo de concreción enmarcada por la vitalidad de la narración.

Esta diferenciación nos recuerda que los procesos investigativos suelen fungir como una interface entre la información académica y el conocimiento cotidiano, que deambula por los vericuetos del razonamiento, y en este caso, hacia la ilustración narrativa. En cualquiera de los dos casos imaginar una forma de comunicar resulta esencial para despertar los aposentos memorísticos más intrincados que disipan extrañamientos y diferencias, cuya prioridad no es la creación sino la síntesis que la comprensión conceptual e imaginativa del investigador recrea sobre la realidad, hecho que patrocina el desarrollo natural de la actividad mental inclusiva.

Pero... –en esta fase siempre aparece el "pero"–, ¿cómo comunicarlo?, ¿bajo qué parámetros?, ¿cuál será el género adecuado a utilizar?; para seguir con ¿cómo hacer que la realidad se convierta en una narración que apele a todos? Entonces, aquí mismo empieza el discernimiento en torno a ¿qué tanto de la realidad se va a consignar en ese relato?, y ¿qué porción del relato requiere de la ficción?, ¿y si al ficcionalizar se quebrantara la realidad? Es probable que también asalte la duda sobre la viabilidad de utilizar la ficción como herramienta, y acto seguido se produzca una pregunta como: ¿el relato que se desencadene equivaldrá a validar una mentira, o en cambio será una mentira válida?

Múltiples interrogantes similares pueden surgir, muy comunes en torno a la decisión de narrar un evento o proceso social investigado, pero con respecto al interrogante anterior, Daniel Pennac esgrimió en una de sus novelas, "la imaginación no es la mentira", se trata de cómo se cuenta sin que la fantasía extrema desfigure los hechos de la realidad, sólo se trata de encontrar un cómo contarlos que no emule literalmente los acontecimientos que se refieren. De manera que al surgir posteriores interrogantes su papel sea formular el camino hacia la concreción narrativa; por ejemplo, ¿cómo se va a relatar la verdad de la palabra que transporta una realidad concreta? o ¿esa verdad será tan concreta como comprobable o cuando menos creíble? En fin, la realidad pese a su contextura corpulenta no deja de ser para cada comunidad, incluso para cada individuo, un pequeño fragmento constructor, en ocasiones deconstructor, que a la larga restaura puntos de vista sobre espacios temporales móviles según el arbitrio de los tiempos, erigiendo siempre un hilo secuencial.

Construcción de una lectura ficcional sobre la realidad

Antes de comenzar a tratar el tema, a modo de paréntesis, es importante explicitar que en la medida que éste aparte enuncie algunos elementos de ayuda para la construcción ficcional de una historia, paralelamente se irán presentando fragmentos de una entrevista hecha a Vladimir Nabokob (1999), en la cual contesta a preguntas que exploran su noción de la realidad como escritor.

> *Entrevistador*: ... ¿Qué es la realidad?
>
> *V. Nabokob*: La realidad es asunto muy subjetivo. Sólo puedo definirla como una suerte de acumulación gradual de información; como una especialización. Si tomamos, por ejemplo, un lirio, o cualquier otra clase de objeto natural, el lirio es más real para el naturalista que para las personas corrientes. Pero es todavía más real para el botánico. Y aún llegamos a otro grado de realidad con el botánico especialista en lirios. Se puede uno ir acercando más y más a la realidad, por así decir, pero nunca puede uno acercarse lo suficiente porque la realidad es una sucesión infinita de pasos, de niveles de percepción de falsos sondeos, y, por ende, inextinguible, inalcanzable. Se puede saber más y más sobre una cosa, pero nunca puede saberse todo sobre una cosa: es irremediable (p. 19).

La ficción es quizás una de las formas de argumentación más inclusiva entre la multiplicidad argumentativa existente, permite que aparezca el punto de vista de quien propone una determinada lectura de la realidad, y dentro de ella emergen posiciones divergentes a partir de las situaciones y de los personajes, unas y otros ratifican las facturas disímiles dentro de la sociedad en la que se inscribe la historia, y a la vez coteja el contexto de la colectividad no ficcionada. En este orden de ideas, pretender definir la realidad o la ficción, puede convertirse en una empresa inabarcable, aunque, dentro de ese maremágnum de posibles significaciones existe una, la que más debe interesar a quien cuenta una historia, la realidad interna del texto, el nivel de verosimilitud de la historia, ella es la real conductora de todos los elementos que conforma un relato, por más elaborado que sea. Una historia verosímil no sólo profiere credibilidad, sino que es coherente y compacta, no se escapa entre los dedos del autor ni del lector, abriendo la puerta a la conformación de un espacio simbólico que tipifica un universo particular, teniendo en cuenta que los símbolos personales y colectivos son la forma de conceptualizar los sentimientos aprehendidos que generan comportamientos sociales.

> *E*: Dice que la realidad es un asunto sumamente subjetivo, pero pienso que en sus libros parece usted deleitarse casi perversamente en la impostura literaria.
>
> *VN*: ... cuando era chico yo era prestidigitador. Me gustaba hacer trucos simples... convertir el agua en vino, ese tipo de cosas; pero creo que me halló una buena compañía, porque todo el arte es engañoso y también la naturaleza; todo es engaño en esa buena embustera, desde el insecto que imita una hoja hasta los atractivos populares de la procreación. ¿Sabe usted como comenzó la poesía? Siempre pienso que comenzó cuando el muchacho de la caverna volvió corriendo a ella, a través de la hierba alta, gritando mientras corría: '¡el lobo, el lobo!' y no había lobo. Sus simiescos padres, porfiadamente veraces, sin duda le dieron una paliza, pero había nacido la poesía: el relato extraordinario había nacido entre las altas hierbas. (p. 19-20).

Ahora bien, existen muchas metodologías o llamadas de atención sobre los recursos por utilizar en un posible o ya expuesto proceder narrativo. Entre las características más generales que destacan quienes se dedican a escribir, están el tono, el lenguaje, la temporalidad, la dirección a seguir; y de manera pormenorizada se habla de los detalles, la espacialidad, la facultad descriptiva, entre otras muchas. Por ejemplo, David Lodge (2002) dice que en una buena historia la descripción no es sólo descripción (p. 98), quizás porque los detalles cuentan, los escenarios completan las vidas, las personalidades ayudan a descifrar situaciones, los entretelones de los diálogos revelan interioridades innombrables, etc. Así como "Kipling muestra que personas normales y corrientes, gente humilde que se expresa mal y lleva dentaduras postizas mal ajustadas, son capaces de intensas emociones, pasiones violentas y una culpa paralizante; y que el mayor misterio de todos es el corazón humano" (p. 64).

La lectura de la realidad o enfoque por el que se decida un narrador es la clave para que uno u otro punto de vista exponga una visión particular que se articule a las demás. De ella depende que se propicie la afectación en el lector; mientras éste produce su propia lectura, y al argumentar él mismo se confiere el derecho a convertirse en elemento activo que opera desde una posición crítica sobre la historia que el otro refiere, porque en las historias suele suceder lo mismo que en la vida "real", cambian dependiendo de la perspectiva y el enfoque de quien la cuenta o la justifica. Existen versiones sobre un mismo hecho, por ejemplo, la del periodista que reporta sobre un incidente en el que fueron abaleados varios sujetos en medio de la calle más trajinada de Bogotá, pero será muy diferente la versión del asesino arrepentido tras las rejas, o del asesino satisfecho con su proceder en el momento de la captura. Otra, la versión de quien no estuvo allí, pero se precia de saber las razones de lo sucedido; o hasta la versión más ficcional de todas, la que refiere desde el más allá quien fue asesinado, dentro de un texto literario compuesto a partir del mismo hecho. Todas constituyen versiones ficcionales que develan puntos de vista.

> *E*: Mencionó usted la prestidigitación en Rusia, de niño, y uno recuerda que algunos de los pasajes más vivos de sus libros, se refieren a recuerdos de su perdida infancia. ¿Qué importancia tiene para usted la memoria?
>
> *VN*: En realidad, la memoria, es de suyo, un instrumento, uno de los muchos instrumentos que emplea el artista; y algunos recuerdos, tal vez intelectuales más que sentimentales, son muy frágiles y a veces tienden a perder el sabor de la realidad cuando el novelista los sumerge en su libro, cuando se los entrega a sus personajes. ... Creo que es cuestión de amor: cuanto más se ama

> un recuerdo, más vivo y singular es. Considero natural sentir un cariño más apasionado por mis viejos recuerdos, los recuerdos de mi infancia, que, por los más tardíos, de modo que la Cambridge de Inglaterra o la Cambridge de Nueva Inglaterra, son menos vívidas en mi mente y en mí que algún rincón del parque de nuestra finca de campo en Rusia. (p. 20).

En otros lenguajes narrativos como el cine también se presenta el mismo caso. Es muy diferente acoger la lectura contextual que sobre la Europa de la primera mitad del siglo XX, refleja una obra cuya fuente narrativa y justificación autobiográfica surge de quien acompañó sentimentalmente a un hombre llamado Adolfo Hitler; y otra, la que se aprecia en la *Lista de Schindler*, dirigida por Steven Spielberg, y sin embargo las dos recapitulan investigaciones que se ubican en flancos argumentales diferentes, pero que cuentan fragmentos de una etapa catastrófica del mundo a menos de 100 años.

Entonces, si la construcción de un texto guiado por la intención literaria bien sea oral, escrito o audiovisual requiere de recursos ficcionales que empiezan por cómo se pretende crear una narración, es importante precisar, ¿cuál será la lectura de la realidad que producirá una recontextualización sobre sí misma?

E: ¿Cree que esa extremada capacidad de recordar ha inhibido en usted el deseo de inventar en sus libros?

VN: No, creo que no. ... (p. 21).

La palabra en imágenes

A lo largo del texto se viene clarificando cómo la existencia de las historias depende de quién les da vida, haciéndolas presente puro al instante de transmitirlas, gracias al juego que se instaura entre la realidad y la ficción. Su fin comunicativo congrega el presente interno, el cual acuña todo un contexto simbólico al comunicar hasta la medida del sentimiento más entrañable, ese que los símbolos salvaguardan. De igual modo, es necesario surtir la historia de imágenes, pero para visualizar una imagen, tanto autor como lector, deben permitirse crear un enlace emocional con quien refiere la historia o con la historia misma para descubrir el mundo externo que ella trae consigo y la significación de las imágenes que en el texto se producen.

Ahora bien, las imágenes suelen ser enlaces, o si se quiere vínculos que establece cada lector de la realidad y reproduce en el texto por medio de *La palabra-imagen*. Pero ¿qué es *La palabra-imagen*? Podría precisarse como un método-lógico individual en la disposición de las palabras para producir una sintaxis estilística personal, que se transmite por medio de un grupo de palabras que conforma imágenes, permitiéndole a otro descubrir lo que el primer lector captó, y entretanto, él mismo puede resignificar esa realidad que pasa ante sus ojos en imágenes mientras ve, comprende e interpreta la realidad que surge en la historia.

> *A. Barnechea*: García Márquez decía que La hojarasca había comenzado con la imagen de una niña sentada en una silla, con las manos debajo de las piernas. ¿Dónde comienza una novela para usted? ¿Es una imagen? ¿Es un personaje?
>
> *J. Donoso*: Más una imagen que otra cosa. No una frase, no una manera de decir. De repente, voy por la calle y veo a alguien. Se me olvida ese alguien. Lo borro. No lo pienso más. Dos años después recurre ese personaje, inconscientemente, y me va dictando la novela.
>
> *AB*: O sea, es una imagen atada a un personaje, y a partir de eso, usted inventa la historia.
>
> *JD*: Claro. (Barnechea, p. 100).

En principio, *La palabra-imagen* implica tener conciencia del cómo decir lo que se pretende comunicar a cada paso que se da en la construcción de un texto, al diseñar palabra por palabra una imagen. Por eso, al escribir narrativamente una historia resulta poco adecuado sugerir, ¡hay que decirlo! Nada está implícito, ¡hay que decirlo!, valiéndose de una triada ineludible: palabra – imagen – narración. La resultante del manejo que se dé a ésta triada será la encargada de proveer los rastros conducentes a la identidad de la historia y las posteriores relaciones que establecerá con un colectivo, exponiendo temerariamente una visión inclusiva mediante la ficción de la realidad que trae consigo la memoria en cada palabra que precisa una imagen. De manera que *La palabra-imagen* puede concebirse como el acto de lectura sobre una realidad que luego se recontextualiza dentro de la historia mediante las palabras. También, como una forma de demandar del entorno los elementos para producir una historia que renueva esa visión inicial y literal de lo observado, al formularla bien de forma oral, escrita o audiovisual, y en cualquiera de las tres representaciones de la palabra, la memoria y el universo simbólico, se afianzan en la realidad resignificada que en grados diferentes otorga el lenguaje literario.

> ... Mi esposa había colocado las flores sobre un baúl de madera que estaba justo debajo del pasamanos de la escalera. Ésta era especialmente estrecha y empinada, y había una ventana a no más de un metro del pie de la escalera. Menciono estos datos geográficos porque son importantes. La situación de cada cosa guarda una relación muy estrecha con lo que pasó a continuación.
>
> ... entonces, al cabo de un instante, antes de que pudiera decirle hola, tropezó. La punta de su zapatilla de deportes se dobló contra el suelo, y así, sin más, sin previo aviso ni darle tiempo a gritar, salió volando por los aires. No estoy diciendo que cayera o rodara o rebotara por los escalones. Lo que quiero decir es que estaba volando. El impacto del traspié la había lanzado por el espacio, y por la trayectoria del vuelo me di cuenta de que se dirigía directamente a la ventana.
>
> ¿Qué hice? No sé qué hice. Cuando la vi tropezar yo me encontraba en un lugar en el que no podía hacer nada, pero... (Auster 2012, pp. 69-70).

Suele pensarse que la habilidad que destila un narrador reside en su pericia, aptitud o capacidad para hacerlo, pero contrario a esa creencia, si dentro del texto no se encuentran rasgos distintivos para avizorar una realidad concreta gracias a la imagen, por muy superior que sea la destreza idiomática que demuestre el narrador, corre el riesgo de pasar desapercibida. De ahí que un método-lógico individual sobre las palabras es cardinal para convertirlas en imágenes, porque a una historia no la salva un buen ojo crítico sobre la realidad a secas, la nueva perspectiva de una gramática individual, ni la posibilidad de embelesar a quien escucha por unos instantes. Aunque no se puede negar la importancia de las habilidades enunciadas al momento de narrar, resulta definitivo un trabajo acertado en torno a la construcción de imágenes, pues serán ellas las encargadas de describir un mundo en apariencia ajeno, y por conocer (Angarita, 2010, p. 6). De ahí que la habilidad que se desate al respecto potenciará cualquier otra destreza útil para un mejor logro narrativo.

Es así, que sólo cuando entendemos que la esencia comunicativa que transfieren las historias apunta a un proceso de interacción del yo individual con el social, cuyo objetivo es producir modificaciones en el pensamiento, sentimiento y comportamiento, es cuando aparece un trío del cual no se puede prescindir cuando de componer historias se trata: pensar–sentir–actuar para dar forma, y siempre que algo se modele, será necesario construir imágenes (p. 9). De ahí que la sumatoria de la lectura de la realidad, acicalada por un contexto que se potencia por la imagen, inequívocamente dará origen a la creación de una historia narrativa.

> El "bum-bum" de las bombas es un sonido connatural a los machos de nuestra especie. Rara es la niña capaz de imitar ese sonido correctamente. Nos dedicábamos a tirar grava a la gente que pasaba por debajo de nuestras ventanas y ladrillos a los perros y a los gatos vagabundos, como si fueran las bombas que los americanos lanzaban sobre los nazis. Cincuenta años después todavía recuerdo esa malicia y esa sensación de placer ilícito. Hoy en día existen videojuegos que permiten reproducir el bombardeo de Yugoslavia y los niños son unos entendidos en bombas controladas por láser y cámaras de video. Creo que nosotros teníamos una idea más clara de lo que representaba bombardear un edificio. Y sin embargo lo hacíamos. Éramos igual de inconscientes que los generales actuales, que aprietan un botón y se quedan mirando la pantalla del ordenador emocionados a la espera de los resultados. (Simic, 2010, p. 19).

Bogotá, enero de 2014.

3.2. Hacia la praxis con el juego de imágenes

La invitación que hace el texto anterior a tener presente que la lectura de la realidad se afirma en la construcción de imágenes narrativas, anticipa el siguiente fragmento de *La clave de un nuevo tiempo*. La producción de imágenes en un texto corresponde a uno de los procesos esenciales en *La palabra-imagen*, concerniente al logro o fin último en su praxis metodológica, la producción de imágenes. Y hago énfasis en que es su finalidad, pues si un texto, cualquiera que sea, no se construye a través de imágenes, difícilmente podrá considerarse un producto narrativo, pues más allá de la posibilidad de dar al otro una visión sobre lo que pensamos, la imagen propicia la argumentación, son ellas las encargadas de mantener el punto de vista argumental de la historia; por eso, sin ellas la narración quedaría incompleta.

Al respecto dice Calvino:

> Apenas la imagen se ha vuelto en mi mente bastante neta, me pongo a desarrollarla en una historia, mejor dicho, las imágenes mismas son las que desarrollan sus potencialidades implícitas, el relato que llevan dentro. En torno a cada imagen nacen otras, se forma un campo de analogía, de simetrías, de contraposiciones. En la organización de este material, que no es sólo visual sino conceptual, interviene en ese momento una intención mía en la tarea de ordenar y dar un sentido al desarrollo de la historia; o más bien, lo que hago es tratar de establecer cuáles son los significados compatibles con el trazado general que quisiera dar a la historia y cuáles no, dejando siempre cierto margen de opciones posibles. (Calvino, 1990, p. 104).

En este punto, ya se sabe que la propuesta metodológica de *La palabra-imagen*, contempla dos ingredientes prioritarios y no disyuntivos, el teórico y el creativo; en el cual conceptos, autores y opiniones son de importancia definitoria para tratar la escritura; ya que todos interpretan posibilidades viables para el análisis temático de la realidad que dará cuenta de su pluralidad, su diversidad y sus propiedades emergentes (Romero, *et al.*), con el fin de abordar renovadas trazas en el desarrollo del pensamiento y en las necesidades escriturales. De ahí su entrañable relación con un concepto que refiere Javier Burón (1993), el de Metacognición, como el conocimiento y regulación de nuestras propias cogniciones y de nuestros procesos mentales o conocimiento autorreflexivo. Cercano al planteamiento de Bustillo (1997) sobre el relato autorreflexivo que a pesar de su "larga tradición en occidente, encuentra en la escritura finisecular –articulando poéticas, teorías narratológicas y antropologías culturales– su lugar y su existencia...” (p. 9). Un aspecto en el que se centra la refrendación y la determinación que el trabajo metaficcional cobra en la escritura narrativa (Ardila, 2009), correspondiente a la reflexión e intrusión del autor dentro de su propio texto, otra forma de mediar el artificio y su relación con la realidad y la ficción.

De esa forma puede notarse que el hecho de descubrir una estructura a seguir, no significa que el camino esté allanado, se trata del pincelar el sendero en el que el jardinero hará el trabajo de deshierbar o del arquitecto dibujará cada trazo a seguir, porque la idea no es tener la estructura temática completa del texto desde el comienzo, sino ir descubriendo, cuáles son las herramientas que prefiero para narrar cada texto, el hecho de descubrir esa estructura paso a paso puede darme una visión más amplia de lo que quiero narrar. Y por eso, es importante diferenciar entre idea, tema, historia y argumento, aunque sean complementarias son peldaños en la definición de aquello que pretendo narrar. Cada paso dentro de la estructura, cada imagen entra en diálogo con la idea, al reordenarla está dialogando con la idea, al preguntarnos, estamos dialogando con la idea...

3.3. *La clave de un nuevo tiempo*: otra forma para las palabras

Dos días pasaron, apenas compartían escasos momentos en la mesa, podría decirse que con insistente deliberación se evitaron y del tema ni hablar; aunque el aislamiento por el que optaron les permitió reposar el ánimo. Anaagüe pudo moderar la comprensión intempestiva que acumuló en tan poco tiempo, Miguel meditó largamente sobre cuál sería su proceder en adelante, Felipe decantó sus preguntas y Don Eugenio reposó como nunca. Pero alguien tendría que romper esa sordina autoimpuesta por nadie y por todos, y para acabar con ella debían empezar por algo tan sencillo como reiniciar la conversación. Miguel consideró oportuno el momento en que con seguridad estarían cercanos a la mesa de delicias dispuesta cada tarde por Anaagüe para la merienda. Dubitativo como es él, con su andar pausado recorrió varias veces el corto trecho que hay entre la sala y la cocina, y cuando se detuvo echó un vistazo a los lados creando cierto suspenso. Comenzó con preguntas sencillas, pero tan extrañas que produjeron un restringido cruce de miradas sin posible respuesta. Siguió con opiniones sobre cualquier cosa, capaces de despertar entre sus oyentes la curiosidad en torno a su salud mental, pero aun así el mutismo persistía. Entonces tomó una medida desesperada y continuó con comentarios casi estrambóticos, tan insensatos que la risa frenética de todos y los ladridos ensordecedores de Don Eugenio recubrieron la anterior mudez.

Por fin se concentró en la biblioteca ubicada en el segundo piso y un gesto pícaro reflejó cómo por su mente atravesó la más sugestiva idea. Anaagüe, Felipe y Don Eugenio lo siguieron con la mirada reticente y luego cautelosos comenzaron a caminar tras él. Una vez estuvo frente a la biblioteca, tomó un libro tan pequeño que para cualquiera resultaría imperceptible entre la gran cantidad de tomos que conformaban la enorme estantería. En el espacio que liberó introdujo su mano, su brazo, y cuando medio cuerpo se había introducido por el pequeño orificio, observaron que su resto corporal pertenecía a Flew Flew; esperaron varios segundos mientras conseguía terminar de pasar al otro lado su larguísimo cuerpo por el pequeño resquicio, entre tanto su voz cada vez más lejana insistía en invitarlos a seguir sus pasos. Al hacer conciencia de tan seductora invitación, incapaces de declinar la inquietud que despertó en cada uno, como sonámbulos se dirigieron al sitio. Yo tampoco pude sustraerme al enigma que suscitó aquel pequeño intersticio vacío y me dispuse a atisbar hacia dónde se dirigían.

Una vez traspasaron la brecha abierta, la señora Lotenz y Martínez palparon todo su cuerpo, Antrux aún sin comprender dio vueltas en torno suyo. Mientras se reconocían como los compañeros de viaje. Un jaleo de relinchos los apartó de su primer asombro y se descubrieron en un mundo extraño, entre una multitud de personas que vestían a la moda de varias centurias atrás, en lo que parecía una vía pública no pavimentada, en medio de construcciones que no superaban los tres pisos. Martínez consultó instintivamente su brújula y aunque le indicó el norte no pudo saber en qué lugar se encontraba. De nuevo escucharon la voz fuerte de Flew Flew quien parecía no haberse percatado del asombro que esta nueva circunstancia les producía. Los miró sonriente por un segundo, dio un pequeño salto de bufón y comenzó a hablar con tono de presentador circense: ¡Señores, bienvenidos a la Europa del siglo XVIII, la misma que les referí en el bote hace apenas tres siglos y algo más!

Los condujo a un paraje cercano del centro de aquel pueblo, un pequeño promontorio que les permitiría mejor vista sobre buena parte de aquella población. Desde allí pudieron observar con sorpresa durante algunos minutos el tránsito diario de los habitantes, que para su sorpresa se convertía en imágenes rotatorias en tonalidades, colores, vestuario, actitudes, hechos, haciendo un rápido recorrido caleidoscópico en el tiempo. Sin detener el desfile de las imágenes, atenuó su velocidad, e inició un nuevo discurrir ante sus pupilas inquietas, con la faz de personajes como Kant (1724), Hegel (1770), Darwin (1809), Marx (1818), Baudelaire (1821), Edison (1847), Lenin (1870), seguidos de situaciones que pudieron reconocer correspondientes al siglo XIX. Sangrientas escenas que caracterizaron las revoluciones entre hombres de todas las razas. Como en un tablero 3D en 360 grados empezaron a ponerse en pie edificaciones de mayor altura hasta aparecer un mundo donde la inserción mecanizada de la industria atrajo obreros de sitios recónditos dispuestos a esperar en interminables filas por la oportunidad para operar máquinas de desconocida utilidad, en turnos infrahumanos, bajo la tortura del sol o el frío inclemente, por un jornal mísero. En diferentes escenarios la industria metalúrgica extendió kilómetros interminables en barras de acero que atravesaron naciones enteras con vías férreas, y al instante el humeante tránsito de los trenes se encaminó sobre territorios vírgenes. Ciento ochenta grados al costado, llamó su atención una alegre muchedumbre que, entre festejos jubilosos de muertes, batallas, o amores, ataviados con relucientes trajes, compartían en grandes salones de baile una reverencia feliz al son de las notas que arrancaban miles de escuchas al fonógrafo, un aparato musical recién salido al mercado. En adelante cada artefacto que apareció en la pantalla condujo sugerentes recuerdos sobre hechos que plasmaron en la historia episodios vividos por los hombres de ese momento.

Pero el ingreso al siglo XX con toda su velocidad, explosiones y algarabía, detuvo la imagen en aquella voluminosa pantalla sin límites. Intercambiaron miradas, pero no se atrevieron a pronunciar palabra, y al notar que ninguno tenía la respuesta, se sentaron en espera de algo, tampoco tenían la certeza de qué esperar, pero intuían el deber de aguardar. De repente a un ritmo pausado, volvieron los paisajes, observaron en la lejanía personas deambulando entre cuadros de pueblos desconocidos, por momentos aumentaba su número y luego decrecía en vaporosas escenas de cotidianidad.

— Después de la introducción que acaban de ver –intervino Flew Flew con el esmerado propósito de retomar la conversación truncada en el bote–, los buenos augurios del nuevo siglo dejan ver el deseo general por apaciguar las confrontaciones territoriales que tuvieron lugar durante el siglo XIX, con un objetivo en la mira: La paz para el mundo. Y así fue, durante los siguientes 50 años en los cuales se firman muchos tratados de paz, con ellos cubren infinidad de líneas letradas llenas de buenas intenciones para dar fin a tanta infamia. Si observan con detenimiento las siguientes imágenes encontrarán en ellas nuestro inmediato pasado, un mundo al borde de la renovación, una etapa llena de eventos determinantes que consolidan el planeta que tenemos hoy.

Pequeñas ventanas móviles sucesivas. Acto seguido, se focalizó en un mapa, comenzó a crecer ante sus ojos y a detallar entre vías marítimas, luego terrestres, casas y edificios, una extensión mayor en la medida en que sus calles adquirían nuevas ramificaciones, hasta aproximarse a la estación del metro de París. Su inauguración en 1900 fue el punto de partida para el cambio radical de los medios de transporte en pro de las masas que acordonaron las ciudades en expansión. La imagen se concentró en una de las ventanas del aparato, desde su interior, pudo verse cómo un objeto fue en dirección al vidrio que no opuso mayor resistencia, cediendo a la fuerza y se astilló en mil fracciones. El cuadro de enfoque adquirió una nueva elongación y su amplitud logró magnificar el silencio espectral vivido por la multitud que sigue el recorrido de una pelota de tenis, durante la primera copa Davis; el pacífico vaivén de decenas de cabezas de espectadores al ritmo de la pelota quedó paralizado con los sonidos de las armas que en Sudáfrica mantienen la disputa entre el Imperio Británico y los bóeres (colonos holandeses en Sudáfrica), uno de los últimos fuertes intentos de los británicos por mantener la dominación colonial sobre el caudal de las tierras sudafricanas.

Una gran sombra en el cielo les obligó a levantar la vista, muy a tiempo para interrumpir ese desangre terrestre que los había ocupado por interminables segundos, en ellas encontraron navegando torvo al dirigible Zeppelin en su primer vuelo sobre el lago Constanza. Ese aparato acaparó millones de miradas, pero más que por razones aerodinámicas, había una razón mayor que ocupaba la mente del hombre en ese periodo, la guerra. En un comienzo fue catalogado como un logro militar, lo utilizaron como arma de monitoreo y bombardeo, pero una vez las armas antiaéreas contrarrestaron la ventaja que el aparato había dado desde el aire, su papel en el campo de batalla disminuyó. Hoy, cuando la mirada de quienes se encuentran en tierra se percata de su presencia, el avistamiento de este mastodóntico aparato atrae sonrisas, por lo general transmite mensajes a las multitudes con frases de campañas publicitarias en desarrollo. No acababa de desvanecerse la imagen del dirigible cuando el sonido particular que escapa de una botella al liberar el aire gaseoso comprimido en su interior, seguido del característico burbujear de su contenido, los hizo virar su cabeza 30 grados recordándoles cómo comienza a expandirse uno de los mayores imperios comerciales del siglo en marcha, en un comienzo presentado como jarabe contra el dolor de cabeza y las náuseas y poco a poco se convertirá en el líquido más famoso sobre la faz de la tierra, la *Coca-Cola*.

— Profesor Martínez, disculpará usted mi aparente intromisión en sus asuntos. Los hechos históricos que traigo a colación dentro de mi intervención se deben a que me resulta importante citar eventos que son producto de las diversas incursiones humanas, que después me permitiré relacionar con los posteriores reflejos de su pensamiento. Es el caso de Max Planck y el arte –esa frase produjo un flujo de miradas que tomó a Flew Flew por sorpresa, y de inmediato se dispuso a reparar la confusión–. Para explicarme mejor comenzaré por decir que cuando Planck habla sobre la discontinuidad de la energía, corrientes artísticas como el surrealismo y el cubismo manifiestan nuevas expresiones para renovar las formas descriptoras de su momento, y con ellos el temple del ser humano de una época en plena transición. A su vez, la física y el arte establecen una íntima relación con los descubrimientos del sin igual doctor Sigmund Freud, quien plantea un método de comprensión sobre las actitudes humanas a partir del sicoanálisis. La idea de atisbar en el inconsciente revoluciona la comprensión sobre los seres humanos, y la interpretación de los sueños se convierte en otra técnica que abre nuevas puertas a la lectura sicoanalítica y artística, pues hablar del contenido de los sueños ayudará a comprender cada historia personal, a partir de una técnica de lectura y predicción que el individuo conjetura en estado inconsciente sobre posibles efectos futuros.

Con resultados similares sorprenden las conquistas de la medicina durante el resto del siglo, por ejemplo, el indiscutible valor de la clasificación de los tipos de sangre y el posterior desciframiento de la secuencia del ADN. Lo que quiero decir es que cada hecho, cada acontecimiento, uno a uno y en conjunto, se convierten en los enunciados característicos de un mundo en constante evanescencia.

Por momentos, a medida que ampliaba su narración, Flew Flew atenuaba el ritmo mientras con ligerísimas reverencias y unas pocas salvedades ofrecía veladas disculpas a Martínez. Martínez se encontraba tan absorto que sin pensarlo levantó la mano y con un gesto suave, casi distraído le solicitó continuar con el relato. Sin mediar palabra, el horizonte fílmico que segundos antes se había suspendido lo invadieron escenas pictóricas por todos conocidas, y Flew Flew retomó el relato.

—A pesar de lo natural que pueda parecer la presencia de la muerte para el ser humano durante este periodo, en varias ocasiones grandes segmentos de habitantes del planeta se conmueve ante la pérdida de hombres tan valiosos como Friedrich Nietzsche con su superhombre vital más allá de la moral de muchos, y tras su muerte la de un escritor irlandés,

Oscar Wilde, privándonos de sus futuros versos, o la de Giuseppe Verdi legándonos óperas de estilo insuperable; luego Dvorak en 1904 y otros tantos que instituyeron nuevas formas de concebir el tiempo por venir.

Algo comenzó a ocurrir y a confundir a quienes atendían a la narración. Las transparencias de los protagonistas de la música clásica comenzaron a sucederse al unísono con las de los cantantes de rock reconocidos. Pero antes de generar un mayor recelo, Flew Flew retomó.

— No obstante, el sinnúmero de lutos en el espectro musical ocurre algo verdaderamente notable, muchos de los que ahora llamamos clásicos, alcanzan a vivir varias décadas más y antes de morir logran contagiar con sus notas armónicas al descubrimiento musical del siglo, ¡el rock! –Y con esa afirmación apaciguó cualquier inquietud previa.

¿Recuerdan las películas en blanco y negro y sin sonido todavía? –De inmediato comenzaron a aparecer fragmentos de algunos de esos filmes–. En ellos la gente va caminando por la calle y de pronto se les ve brincar hacia los lados como gallinas espantadas y a continuación pasa un auto, queda la polvareda y vuelven todos a su lugar en el espacio público –el gesto entre afirmativo y sonriente de sus escuchas le permitió entender que seguían su narración sin ningún desajuste, hecho que lo tranquilizó–. Bien, hablo de ese tipo de automóviles que se movían en improvisadas calles aún sin normas de tránsito. Para el público se hace una pomposa presentación del primer motor Diesel, desde entonces sinónimo de descontaminación, buen rendimiento y bajos costos. ¡Escuchen esta curiosidad! Los autos Mercedes Benz a principios del siglo XX salen al mercado usando combustible Diesel y con toda la tecnología que hasta hoy encierra un automóvil de este estilo, desde entonces son coches de alto rendimiento si tenemos en cuenta sus características: 5.9 litros, 4 cilindros, 80 km/h, la misma velocidad máxima permitida hoy en muchas ciudades del planeta; entonces no cabe duda que desde su aparición ya eran excelentes, literalmente hablando, arrolladores.

Absortos en el rodaje que aparecía ante sus ojos, apenas miraban por fugaces instantes a Flew Flew, de alguna inexplicable manera su voz se había convertido en el reflector de ese gran lienzo cinematográfico, animado por sus puntuales explicaciones. Instante a instante cada uno de los cuadros aparecía frente a ellos contando las maravillas que encierra la historia del mundo. Al notarlos tan entretenidos frente a la nueva actitud narrativa de Flew Flew, debí reconocer que Antrux tuvo razón una vez más, fue suficiente con aflojarle el broche de la camisa para obligar a su memoria a dar un vuelco e invocar la mejor parte de su temperamento, y así redescubrir la calma que trae consigo un recuerdo ya olvidado años atrás, el aventurero nocturno con exquisita memoria complacido en contar historias infantiles a su hijo. Con el deleite que produjo en sus oyentes, razón nos dio para reconocerle el enorme esfuerzo autoimpuesto de no contrariar el lenguaje.

Sin motivo aparente, en la pantalla comenzaron a asomarse sus rostros, cada uno por aparte y todos juntos en intermitentes visiones. Descubrirse reflejados en la pantalla los desubicó de nuevo, trataron de hallar en algún rincón una cámara indiscreta quizás, pero no hallaron rincones, estaban al aire libre, entonces claudicaron su búsqueda y decidieron dejar de lado el desconcierto que les generó la jugarreta de Flew Flew al amplificar sus rostros en la proyección, y se dispusieron a escuchar. Con algo más de mesura recordó rápidamente algunos sucesos que removieron una vez más mis entrañas; aunque no especificó la cronología exacta, resultó obvia su procedencia, todos esos acontecimientos fueron parte del transcurrir vital que mis contemporáneos y yo experimentamos entre 1900 y 1939, un trascendente tramo de mi vida.

— ¡Humm! Como se darán cuenta, muchos, muchísimos hechos relevantes alinearon el pensamiento, camino a nuevas comprensiones internas y externas del ser humano. En Francia un productor de apellido Grivolas inventa un proyector de películas en tercera dimensión, y aunque hoy nos parezca normal su uso, cambia la perspectiva de la realidad al mostrar en la pantalla grande una visión aparentemente ajena a la vivencia diaria de todos. Méliès hace lo suyo con el *Viaje a la Luna,* sólo trece minutos bastaron en la gran pantalla para alucinar a grandes y a chicos con los primeros efectos especiales. Recursos que Orson Welles utiliza para transmitir por la radio, una simulada invasión extraterrestre. Esa transmisión radial logra enloquecer a miles de radioescuchas horrorizados, y convencidos de una invasión real estuvieron ad portas de generar un terrible caos. Ese día además de las innumerables anécdotas que la experimentación de Welles provee, se plantea una nueva responsabilidad social para los medios de comunicación, y a la vez queda explícito su papel como productores de un entorno innovador para propagar efectos en el desarrollo de la imaginación y la fantasía.

Con el recuerdo de estos hechos pretendo ratificar la relación entre el cambio de pensamiento y los acontecimientos de una época, que para el caso se resume en la refrendación de la patente del capitalismo paralela a los anteriores sucesos. De ahí que también sea necesario mencionar hechos tan relevantes y diversos como –imágenes sin tregua comenzaron a circular–: Chaplin, gana el cariño de medio mundo con su personaje de El Vagabundo, Gillette inventa la navaja desechable, Marconi logra transmitir la primera señal de radio a través del Atlántico. Al morir Alfred Nobel, quien descubre la dinamita, paradójicamente destina su fortuna para otorgar los primeros premios *Nobel* a quienes trabajan por el bienestar de la humanidad. Se fundan grandes compañías como Texaco y Cadillac. Edison crea una mejor batería eléctrica, de mayor duración y poco peso. Para bien o para mal de muchos, los alemanes patentan la fórmula del ácido barbitúrico especial para somníferos. Y contrario a los pronósticos envalentonados de muchos, se hunde la gran obra de la ingeniería naval, el Titanic, la mayor tragedia marítima no relacionada con la guerra. Igual se pueden contar hechos algo insólitos para muchos como la canonización de Juana de Arco, o la lucha de los hindúes por su independencia total. Nada más imaginen el efecto que se produce en el mundo con cada uno de estos acontecimientos.

Pero sin duda, el efecto más devastador empezando el siglo lo impone la Primera Guerra Mundial, porque al lado de esa noticia todo lo demás son meros aditamentos. Para quienes estudien con algo de curiosidad ese periodo, a sólo cuatro años de avisar al mundo la terminación de la catástrofe que significó para el ser humano la Primera Guerra, encontrarán un hecho muy llamativo que le dará una nueva faz a la política mundial; desde Rusia la revolución socialista irradia el comunismo por todo el planeta contagiando un sueño, el de suscitar lazos de mayor equidad y justicia. Una noticia casi refrescante para el grueso de quienes observan con la lente del universo, para aquellos cuyo interés vital no se sustenta en la manipulación de poderíos efímeros.

A pesar de las esperanzas de paz por doquier, en pocos años aparece perfectamente instalada a sus pies la segunda gran guerra con una indefinible mezquindad y crueldad del hombre contra el hombre –la imagen de nuevo se paralizó y el narrador se volvió hacia sus oyentes, y absortos como estaban con el relato, ni una palabra pronunciaron–. Fíjense como ninguno de estos hechos se puede contar como autónomo o separado frente a los demás, en la medida en que a su paso resuelven diferentes criterios propios de la evolución humana análoga a su pensamiento. A esos sucesos se suman otros que no siempre recordamos con la misma significación, y sin embargo, su existencia cambia por completo la convivencia de todos. Un claro ejemplo de ello es algo que en la actualidad a muchos nos causa gran extrañeza siquiera pensarlo, se trata de la aprobación del dominio casi completo por parte de Estados Unidos sobre Cuba, y hay quienes después de vivir fiestas y extravagancias aseguran que durante largo tiempo ese bello territorio se convierte en el cabaret de los estadounidenses, hasta fines de los 50 cuando la identificación de todo un pueblo frente al disgusto por el corrupto y escandaloso experimento republicano malogrado en su suelo, explota con el exacerbado fervor de la bandera comunista el 1 de enero de 1959, uno de los acontecimientos más definitorios para el futuro de todas las Américas. Ese día y en ese lugar del globo, brota otro intento por alcanzar uno de los mayores ideales perseguido por una parte de nuestra progenie en diferentes tiempos, dar a la humanidad un mayor y constante índice de igualdad.

Y bien, en medio de tal entramado, el cruce de sucesos se convertirá en el perfecto espacio para escuchar con mayor atención una teoría tan innovadora como la que Albert Einstein profiere de sus labios, y que hoy me permito usar de colofón en esta recapitulación de incidentes facultados para matizar la entrada a un siglo donde el hombre ya no volverá a ser el mismo, si se tiene presente que a cinco años de haber empezado la centuria, Einstein trae a la luz los fundamentos de lo que será la teoría de la Relatividad, la llave de la gran compuerta que se abre en el siglo XX para cambiar la idea que durante varios cientos de años se tiene sobre el universo.

Con ella expuesta no queda duda de que ese mundo que acabo de describir se convertirá en la viva estampa de su propia relatividad social, al crear una manera particular de relacionarnos los unos con los otros. La más clara muestra fue lo que llega a producir la inflexibilidad en las convicciones de sus dirigentes, al punto de que la ubicación inamovible de cada uno en un lado del río, facilita el espacio que los nacionalistas buscaban, la respuesta a la causa de sus males, y la encuentran en los judíos, adjudicándose el derecho de cogerlos a palos, escupir a sus niños, darles de puntapiés en las calles, tildar a los contrabandistas de "puercos judíos", denunciar a los bolcheviques como movimiento judío de conspiradores y dictadores, y en la esfera entera denunciarlos como una raza carente de importancia para compartir el oxígeno que al parecer pertenece a una inexistente raza superior. ¡Tamaña salvajada!, pero nadie la contradijo a tiempo. Se vive una de las más grandes paradojas de todos los tiempos. Mientras se trastocan las ideas arcaicas sobre el universo, se licencia a una parte del pueblo alemán para conjugar tan aberrante corolario, y pese a lo que pudiera esperarse frente a tan desequilibradas imprecaciones, la desmesura triunfa y muchos cómplices insensatos se dedican a ovacionar el disparatado ideario de unos pocos, los mismos que tuvieron el resto de sus días para arrepentirse por ayudar a tan horrendo logro.

Como consecuencia lógica de hechos tan estremecedores, el género humano se ve en la obligación de dirigirse hacia un nuevo camino con cabida para la comprensión de un universo menos dogmático. Vuelve atrás y echa mano de la transición que durante los primeros decenios logra a través de los descubrimientos científicos, la formulación de las ideas y la expresión de las artes. Al volver sobre ellos se hace patente cómo la guerra invisibiliza producciones valiosas en todos los campos, las mismas que en un momento posterior resultan suficientes para emerger del mundo esquelético y desangrado que queda después de tanta hostilidad. Es de notar que la cercanía que el siglo XIX mantiene con la ciencia, abre paso a grandes descubrimientos en los albores del siglo XX y sus avances desatan la industrialización y el posterior desarrollo tecnológico, incluso en los países del tercer mundo, conduciendo a la humanidad durante las siguientes décadas a extender la comprensión sobre su universo a una nueva velocidad, en espacios relativos que demuestran la irrelevancia de asirse a absolutos. Porque la relatividad significa el descubrimiento más sobresaliente de ese tiempo, pero no se limita al campo de la ciencia, sino que acompaña transformaciones que ya no dan espera en otros campos. Por eso, con nuevos bríos algunos movimientos sociales que décadas atrás prosperan, alcanzan su esplendor en los años 50. Las feministas y los socialistas renacen para restituir políticas de regulación, portadoras de mayores derechos comunes. A la vez que se produce un brote ascendente del comunismo en los países latinoamericanos, cuyos precedentes más cercanos se remontan a sus guerras de independencia, pero la falta de verdaderos líderes y mesura los conduce a un cariz de la violencia que aún no cesa en algunos de esos pueblos. Las minorías afro también arriban al escenario, la visión de género, los hippies, los ecologistas, la reivindicación del pensamiento infantil, todo lo que antes tuvo una cabida limitada con poca injerencia en el curso de las decisiones sociales. Propuestas lógicas reaparecen cada vez que el hombre vuelve sobre los pensamientos civilizadores, y se plantea el enigma de porqué el género humano concede tanto poder a la guerra.

Para Albert Einstein resulta aún más incomprensible, él se resiste a entender cómo un hombre inteligente puede afiliarse a un partido, pensamiento que en la época desagrada a muchos; su resistencia a convertirse en militante de un partido político motiva los múltiples problemas que le acompañan a partir de ese momento. Fue un tiempo, como muchos otros, atravesado por la polarización y la toma de bando. Pero ese hombre inteligente, pero un hombre a fin de cuentas, se caracteriza por defender posiciones sui generis, como su voluntad férrea contra el nacionalismo; aunque apoyó al sionismo por considerar que el pueblo judío debía restablecer sus lazos con los árabes. Llevándolo a declarar públicamente: De no encontrar la manera de colaborar honradamente y tener buenos tratos con los árabes no habremos aprendido nada en 2.000 años de sufrimiento, y nos mereceremos cualquier cosa que nos depare el destino.

¡Uf, sí!, Flew Flew tiene razón, ante ese estado de cosas cómo me quedaba callado. Cuando empezó a circular el *"Manifiesto al mundo civilizado"*, un documento con el que trataron de justificar la ofensiva alemana como salvación, sin más llamé al nacionalismo el sarampión del género humano. Reconozco que fue una tenaz afirmación, teniendo en cuenta que aún no había vacuna conocida para esa enfermedad causante de tan altos índices de mortalidad, y por eso sus ojos se enfilaron en mis pasos. Si bien a una frase como esa no la distingue precisamente un tono mesurado, no podía obviar mi firme creencia en que un fundamento nacionalista nunca constituirá la opción más digna para ningún pueblo. Se debía buscar una alternativa mundial, pero decirlo en voz alta le causó una fuerte contrariedad a un número significativo de líderes, y a mí a partir del instante en que la pronuncié me costó la tranquilidad. Aun así, quedarse callado no era una opción.

Ese fue el principio de un tiempo personal bastante difícil, una vida pública inquietante gracias a quienes veían en mis ideas la ofensiva hostil propia de un adversario con tribuna entre la gente. Fueron muchas las consecuencias que enfrenté. En general no quedarme callado me trajo más problemas que satisfacciones, por ejemplo, a pesar de que un trabajo interesante me llevó a Berlín, y yo estaba feliz, porque por fin tenía lo que quería: una buena oficina y colegas con quien departir temas de mutuo interés, y todo parecía salir a pedir de boca, fue eso lo que siguió acarreándome problemas, la boca. Creía firmemente en que la maldad aflora cuando la gente buena no hace nada, y la situación que vivía el continente no daba espera a los silencios, Europa padecía un terremoto en sus cimientos, tenía infinidad de problemas políticos sin resolver, y la sensatez parecía no ser la actitud más adecuada.

Por su parte, los miembros de mi familia estaban inconformes, una queja ya conocida por mí, se trataba del método de enseñanza que Hans Albert recibía en el colegio, mis recuerdos de infancia me permitían entenderla a la perfección. Sumado a la falta de relaciones sociales que nunca pudieron entablar del todo, hizo imposible terminar de acomodarnos en Berlín. Sin embargo, preferí mantener una mirada distraída y egoísta ante tales circunstancias, y mi actitud apresuró la decisión de Mileva por volver con los niños a Zúrich en el verano de 1914. A principios de agosto, Europa entera se encontraba en medio de la Primera Guerra mundial y ellos lejos de mí. El alejamiento paulatino de Mileva prosperó y ya no tuvo pie atrás. Poco después mi prima Elsa me albergó en su casa en un bello gesto que alivió mis dificultades, pero con el tiempo la situación se tornó comprometedora, era viuda, vivía con sus dos hijas, y comenzaron las murmuraciones sobre mi estadía prolongada en su hogar, por el bien de su buen nombre decidí formalizar una relación y accedí a casarme con ella. Aunque como ya lo dije: soy caballo de un solo arnés, no me diseñaron para andar en una bicicleta de dos puestos, por eso a pesar de las razones que nos separaron, no pude apartar mi afecto más profundo por Mileva.

Una vez terminaron las atrocidades de la Primera Guerra, en Europa todo parecía indicar que sus dirigentes estaban dispuestos a arreglar las disputas entre sus países, pero en cambio tuvimos que experimentar lo contrario, porque esa nunca fue la real intención de los gobernantes de entonces. Y cuando todos lo notamos ya era tarde, tuvimos que ver cómo por debajo de las sábanas sucias se reanudaba el armamentismo. A mí me resultó imposible resistirme ante tal hipocresía, entonces me convertí en un fastidioso, comencé a hacer alarde de ser medio alemán y medio judío, cosa que tampoco convenía, y con ello me hice acreedor de irreparables reacciones que complicaron mi existencia. Si algunos consideran pocas las páginas que utilicé para revelar el secreto del universo que a mis labios llegó, a veces pienso que gasté demasiadas haciendo llamamientos a la paz del mundo.

Las reacciones sobre mis opiniones se propagaron, de incómodas pasaron a impertinentes y en un imperceptible tramo a estorbosas. El incremento de las amenazas me llevó al borde de la paciencia, y un día simplemente desaparecí. Elsa se alarmó, llamó a las autoridades y después de indagar sobre mi posible paradero sin explicaciones plausibles, hubo un poco de silencio y entonces pudieron escuchar un violín emitiendo notas desde el tejado, allí estaba yo, tratando de entender por qué en Europa resultaba tan indeseable, en cambio en Estados Unidos las propuestas de trabajo y las invitaciones a eventos sociales y culturales no cesaban. En un principio lo atribuí al esnobismo norteamericano frente a mis recientes descubrimientos, aunque después pude corroborar el respeto y el gusto que les significaba mi presencia. Entonces, cuando me di cuenta de que en mis manos no estaba cambiar la situación, y lo que vivía no me permitía trabajar en paz, no me quedó otro camino, debí reconocer que en Estados Unidos había un sitio sin limitaciones dispuesto para mí. Igual que en mi niñez, pero esta vez bajo el poder de Hitler me tocó volver a salir de Alemania, convencido de que ante tantos oídos sordos me resultaría invivible quedarme. A modo de consuelo me repetía incesante: ¡La política es para un momento, una ecuación es para la eternidad!

A veces, tratando de encontrar algo de calma, inmerso en las más inusitadas arbitrariedades, solía preguntarme, ¿si la diferencia entre tener la mente sana o no, depende de la simple estupidez que a algunos acompaña? o ¿si depende de la sustracción de una de las letras en la larga fila que compone el ADN de alguien? Y en ese caso, ¿qué pasará en el interior del ser cuyo comportamiento sólo refleja un pensamiento guerrerista? A más de meditar hasta el cansancio, ninguna respuesta me satisfizo, y tampoco resultó fácil intercambiar estas ideas en un mundo a media marcha, porque a nadie más parecía importar mi inquietud. Pensándolo bien era una actitud obvia, de qué otra manera podía ser si había tantos desfilando armados placenteramente al compás de sonidos marciales; quien quiera que sea, al punto lo detesto sin más, el cerebro lo ha recibido sólo por error, con la médula espinal le habría bastado. Y lo peor fue que quienes estaban de acuerdo conmigo, entre el estupor y el miedo se paralizaron.

Hablar sobre este tema siempre me traerá grandes tristezas sin sanar, nunca hallé la forma de hacerlo, ni siquiera con los buenos recuerdos de todos los viajes que realicé, en los cuales conocí infinidad de buenas personas. Haciendo ese recorrido fui feliz, conté al mundo en qué consistía la belleza de la relatividad, pero siempre cargué un colosal fardo de abatimiento a mi espalda. Bueno, ya está bien. Es mejor dejar de recordar, y permitir a Flew Flew hablar. Volver a la concentración que logró en cada uno de nosotros con la proyección de la memoria del mundo, en tan curiosas imágenes reflejadas al horizonte de aquel pueblo. Luces de colores transportaron épocas que nada más conocieron sus protagonistas, pero ahora estaban allí, a la espera de la interpretación de cada cual.

— Agotado de vivir en permanente zozobra –retomó Flew Flew–, Einstein viaja a Estados Unidos, se instala y comienza a trabajar en la Universidad de Princeton e intenta reiniciar una vida sencilla. Cosas llanas constituyeron sus últimos años de vida, por ejemplo, en el caso de una reparación locativa en su casa era él quien tiraba el carrito con adrales para transportar lo materiales, y como nunca aprende a manejar automóvil caminaba a diario de casa a la universidad y de vuelta en la tarde. En medio de ese ir y venir tranquilo, cuando se recuerda su estancia allí, un hecho muy desafortunado para el mundo reaparece, un hecho tan nefasto para su vida y para la humanidad en el resto de historia que le quede, la bomba atómica. Nunca se sabrá si fue el miedo a que un invento de esa proporción lo desarrollaran los nazis, quienes ya estaban a punto de lograrlo, la razón que lo insta a explicarle al presidente Roosevelt sobre las condiciones infaustas del desarrollo atómico y sus alcances por completo adversos; o si fue el poder intrínseco de esa misma información la que obnubila al presidente. Eso no podrá saberse, pero sí son muchos quienes acusan a Einstein de apretar el botón por haber propiciado esa conversación. Aunque yo creo, que así como el movimiento influye en la ley de acción y reacción física, también lo hace en los procesos sociales, y por eso mismo me parece que responsabilizar del desarrollo de la bomba a una ecuación, sería equivalente a creer al alfabeto responsable de las subsecuentes interpretaciones que las diferentes lecturas de La Biblia difundieron sobre Dios. En cambio, estoy convencido de que ese mortífero estallido fue el resultado de los insalvables errores que en aquella desafortunada época se cometen en un mundo enloquecido al fragor de la batalla.

La incandescente luz de la bomba atómica en el horizonte nos enmudeció, no pude reprimir de nuevo las lágrimas ante ese esperpento moral. Las imágenes luminosas del estallido se transformaron en indefinidas expresiones de dolor, el producto de aquel aterrador impacto volvió a conmover mis entrañas, de la misma forma que lo seguirá haciendo por siempre en la conciencia del ser humano. Pocos instantes bastaron para sentir la desazón que dejó uno de los mayores errores de la humanidad. Una infame desesperación se apoderó de quienes observaban la pantalla, cada cuadro que aparecía era más doloroso que el anterior, y la crudeza que los asistía hacía insoportable la infernal ráfaga lumínica que lo inició. Todas las imágenes que allí veíamos de alguna manera seguían siendo una sola, la misma, la de siempre, el fiel reflejo de la ineptitud del ser humano para manejar el poder. Después de semejante tajo de historia, la pesadumbre nos mantuvo casi inmóviles, con el pensamiento lejos del presente, con la mirada perdida entre los múltiples destellos iridiscentes que nunca cesarán después de ese primer estallido.

— Con el avance del siglo y el auge del nazismo –después de un rato eterno Flew Flew retomó la palabra–, algunos físicos compatriotas suyos, llegan a hablar de la "inmoral física judía de Einstein". A este tipo de desmerecidas ofensas responde durante un discurso agradeciendo como hombre, como buen europeo y como judío. Irrepetibles fueron los insultos que este hombre soporta el resto de su existencia, a quien un buen día se le ocurrió preguntarse, cómo sería cabalgar sobre un haz de luz, y luego encuentra respuestas tan brillantes como para cambiar la visión humana sobre el universo, convirtiéndolo en el físico más grande que pare el siglo XIX bajo la estrella que trajo consigo el siglo XX.

— Es increíble la historia que nos contó, pero a pesar de mis intentos no logro entender de qué se trata la famosa teoría de la relatividad –intervino Martínez y al unísono comenzaron a aparecer en la pantalla la carátula de los innumerables ejemplares sobre el tema: *La relatividad para dummies, el error de Einstein, La verdadera explicación sobre la relatividad, Teoría de la relatividad, Einstein...*– En la mayoría de los libros al abordar el tema hacen gala de estar hablando de algo sencillo, pero en mi opinión no lo es. Señora Lotenz, usted que entiende de asuntos científicos, díganos cómo hizo él para llegar a concluir la idea de la relatividad, ¿acaso un día se despertó y ya la tenía en sus labios como algunos aseguran?

— Bueno, algunos aseguran que sí fue así, yo no podría contradecirlos, ¿suena bonito, no les parece? Sin embargo, creo que requirió algo más de trabajo.

— Yo dudo que haya sido así de fácil –interrumpió Flew Flew–, está bien establecido que el proceso racional del hombre requiere de una transformación que implica algo de pluralidad analítica, algo de complejidad racional, algo de flexibilidad en el análisis...

— Tiene razón, pero no hablo de una embocadura lógica, sino de belleza.

— De todas formas, en caso de haber sido producto de un sueño como muchos se atreven a asegurar –intervino Martínez–, sustentarlo no debió ser tarea fácil.

— Antes de llegar al punto más claro, libró variadas luchas con adversarios bastante renuentes, eso sí lo sé –retomó ella al tiempo que escribía veloz algunos nombres tiñendo el aire de púrpura–. Lo cierto es que su respuesta ante la pregunta de cómo lo descubrió fue: "Nunca he descubierto nada, sólo he hecho caso de la creatividad que me permite la intuición... El pensamiento matemático no es un sexto sentido". Ahora que lo pienso, es posible que esa fuera la razón para tener tan presente una frase de Kant que con cierta regularidad repetía, "Lo verdadero no nos ha sido dado sino encomendado".

De todas formas, no deja de ser curioso que una descripción de su vida pueda asociarse así: Einstein = energía. En la letra E inicial de su apellido llevaba desde siempre la respuesta, E de energía. Toda la vida se la pasó pensando en la luz, y fue precisamente la luz la conductora de una de las respuestas más relevantes de su espacio-tiempo. En este momento viene a mi memoria un aforismo que por muchos años escuche producto de la sabiduría de mis ancestros: Libertad sin luz no existe, porque la energía de una vida requiere de ambas.

— Fíjense –prosiguió Flew Flew–, cómo todos los elementos que se han tocado en la conversación se van relacionando. En el termómetro humano sucede igual, todos los acontecimientos instituyen una sensibilidad social diferente, que a su vez generan contrastes dentro de las sociedades establecidas. En este caso, al cambiar la percepción del tiempo, el ritmo del hombre se altera, cambia su relación con el entorno; cambian las destrezas físicas, el manejo del cuerpo, las distancias se acortan, cambia la percepción sobre el todo y en torno a todo. Paradójicamente compartir los fantasiosos augurios sobre el siglo XX no condujo a evitar la realidad enloquecida que sobrevendría, se requieren grandes catástrofes humanas como dos guerras mundiales, dictaduras totalitarias y campos de concentración, para entenderlo.

Flew Flew tiene razón, el comienzo del siglo XX representó una tarea compleja para el espíritu humano; la naturaleza tiene un sentido, ella no vive la idea de lo incierto, y para quienes vivimos esos maravillosos pero muy dolorosos años, el sentido lo implantó la permanente incertidumbre. Las directrices del hombre de este siglo, si es que alguna vez las tuvo, apuntaron desde siempre a la ambigüedad. Ese primer decenio me hace recordar las palabras de Schopenhauer cuando decía "una de las razones más poderosas que impulsan al hombre hacia el arte y la ciencia es la huida de la rutina cotidiana con su torpeza dolorosa y su yermo desconsuelo". Es posible que, debido a esas insondables situaciones originadas por la extrema violencia de la guerra, la raza humana se fuera olvidando de incentivar lo social, cediendo espacio a la expansión capitalista, el gran acicate del sinsentido y de lo incierto; en la medida en que sus ramificaciones se fueron adentrando en nuestro día a día, de a pocos abandonamos los momentos calmos en que nos debimos entregar a la contemplación sin premura de las reposadas perspectivas de la eternidad; porque si bien todas nuestras creencias necesitan de una justificación filosófica, la ciencia se convirtió en una creencia ciega, y aunque el hombre común no la entienda, se ha transmutado en un fantasma indescriptible que reemplazó credos, igual que sucedió en otra desafortunada época para el conocimiento en la que bastó con encerrarnos en un castillo fortalecido por la ignorancia y el descreimiento ascendente.

En medio de esa batahola, mis últimos años los dediqué a esclarecer la comprensión sobre la relatividad a cuanto cristiano, ateo o musulmán cruzara mi camino. Mi insistencia en hacerlo tuvo que ver con la tristeza que me produjo notar cómo el hombre tiende a ser testarudo con alevosía, ¿cómo es posible padecer dos descomunales guerras y salir de allí para entrar en la guerra fría, y salir de allí para encontrar la respuesta en la globalización?, esas son sólo otras formas de aniquilar a los contrarios débiles. ¿Y entonces, después de todo lo vivido, resulta que el único interés real del ser humano se basa en encontrar nuevas formas que demuestren superioridad frente al otro? Y siendo así, ¿cómo es posible que a pesar de los varios cientos de años que ha tenido para ponerlo en práctica, el resultado siga siendo tan frustrante?, porque lo único que ha descubierto en cada nuevo intento es un mismo invariable resultado, aplastar a los otros, con frecuencia menos fuertes. Entonces, cuál es la superioridad de la que pretendidamente se ufana, ¿la de los brutos acaso?

Volver a meditarlo no me sugiere una respuesta a los muchos interrogantes, que aún deambulan por mi mente. En cambio, hace que vuelva sobre una de las fórmulas más persistentes en mi trabajo: la realidad no maneja compuestos puros, sino mezclas entre ellos, esa es la razón por la cual todos deberíamos aprender a leer las pistas que nos da el universo. Si en este momento me lo preguntaran, volvería a decir que el cambio real consiste en hacer visible eso tan cercano y luminoso que encandila y nos ciega.

— Hay quienes aseguran que el legado de Einstein inicia en el mismo momento en que la física teórica se comienza a explicar a partir de la representación de un contexto, y al mirar por esa lente cambian las aproximaciones que hacemos sobre nuestra realidad, respaldada con un listado de hechos provistos por la ciencia objetiva y no por la subjetividad de la fantasía. Aunque Einstein no se cansó de repetir que, sin la imaginación y la capacidad de fantasear sobre su realidad, nunca habría descubierto nada sobre ella.

Llegado el momento, la discusión sobre ese punto ya no fue prioritaria, una vez los ingleses presentan las evidencias probatorias a sus teorías, las consecuencias son abrumadoras. Los periodistas gritaban a los cuatro vientos que ¡Einstein había revolucionado la ciencia!, ¡Newton se hallaba en un error!, ¡la geometría de Euclides era anticuada!, ¡las paralelas se encontraban!, ¡el espacio era curvo!; y lo increíble, ¡un rayo de luz podía doblarse! Y allí no acaban la maravilla: ¡ni una sola cosa en el universo se halla en reposo, todo debe concebirse en movimiento con relación a otro cuerpo, si no hay planetas u otra materia no hay espacio, la noción humana de tiempo es puramente arbitraria, al igual que las ideas sobre forma y tamaño, la masa es meramente energía embotellada! Es decir, ¡como para enloquecer a cualquiera! Y ante ese maremagno de refutaciones, se encuentran con que Einstein frente a una decepcionante simplicidad clasifica toda su teoría bajo una suave etiqueta: Relatividad. Una palabra sencilla fue suficiente para que el hombre comenzara a viajar por el continuum espacio-tiempo: eternidad y universo. Aunque aún hoy nos preguntemos, ¿si esa revelación cambia la imagen que teníamos sobre el universo, cuál fue el verdadero cambió en el pensamiento humano?

A esa pregunta creo poder responder, lástima que el profesor Flew Flew no pueda escucharme. En cuanto al cambio sobre la imagen del universo, pienso que, si la imagen nos permite concebir la palabra y viceversa, y de esa forma podemos observar y posteriormente apropiarnos de la realidad, resulta ser una perspectiva equivalente al efecto relativo sobre las cosas en la física. ¡Eso es! La mirada particular que damos a ellas ofrece la gran posibilidad de desentrañar soluciones alternativas a las circunstancias ilusoriamente complicadas. Hecho que forja un punto de vista, un movimiento, el mismo que se encarga de relativizar la mirada. Esa nueva forma de balancear la perspectiva fue una de las preocupaciones por develar en la teoría de la relatividad, y con algo de tiempo se convirtió en una copiosa influencia para el pensamiento. Claro que persuadir al mundo entero de ello tomó tiempo, se requirieron demostraciones del tipo que yo no estaba en condiciones de sustentar, porque cuando se supo que no había concluido mis teorías en un laboratorio como cualquier respetable científico, las llamaron ficción. Fue duro, pero aun cuando tenía certeza en mis afirmaciones, no tenía como comprobar mis resultados y para el gremio de científicos el único procedimiento aceptable se hallaba en el laboratorio. Y volví a lo mismo, en mi vida no fue nuevo escucharlo, siempre me llamaron terco, porque nunca seguí las indicaciones de adelantar los procedimientos prácticos en el laboratorio. Recuerdo que en una ocasión uno de mis profesores al escuchar mi explicación sobre un resultado, producto de mi estilo deductivo, después de pensarlo largo rato, dijo: "... podría ser... sus soluciones son correctas y los métodos que emplea son interesantes, pero..."

— ¿Alguna vez Einstein dijo por qué llamó a su descubrimiento la teoría de la relatividad? –lanzó al aire la pregunta Martínez–. La señora Lotenz miró a Flew Flew sin asomo de respuesta en sus labios y no fue la única, el mismo gesto obtuvo de Antrux sentado a su lado.

¡Sííí!, tuve ganas de gritar. Aunque de igual manera no me escucharían. El asunto fue este: antes de presentar mis resultados yo había reconocido en mis reflexiones sobre la problemática del tiempo y del espacio, que el espacio, el tiempo y la materia son conceptos relativos, porque ellos sólo tienen validez con relación al sujeto correspondiente, y siempre que hablamos del sujeto no podemos dejar el aspecto subjetivo de lado, y al hacerlo, inmediatamente todo se vuelve relativo. De ahí que me tomé la libertad de afirmar con mucha valentía que mis teorías fueron producto de la imaginación y la intuición, pero a partir de mis palabras, mis detractores hicieron un festín, dijeron que esa no era la forma más científica de trabajar con la física, y fue cuando la llamaron ficción. Lo curioso fue que hasta cierto punto tenían razón, aquellos elementos a los que yo aludí resultan ser trascendentales para quien ejerce el noble oficio de la ficción literaria que en apariencia poco tienen que ver con la ciencia. ¿Será este el momento de reconocer que un método provisto por mi parca afición a la lectura literaria fue el causante y responsable de mi razonamiento de entonces? Meditándolo mejor y sin la premura de aquel instante, debo condescender que no hay mejor forma de hacer ciencia que descubrir las posibilidades que abastece una quimera.

— Para responderle señor Martínez sobre la explicación que en su momento dio o no el señor Einstein –intentó Flew Flew–, se me ocurre aludir a las palabras de mi colega Barnett. Cuando en su libro discurre sobre la relatividad, expone un punto de vista interesante en torno a la consideración de que la realidad se compone según los fenómenos que se presentan. –Metió la mano en uno de los innumerables bolsillos dispuestos a lo largo de su pantalón, luego de tantear con la yema de sus dedos sacó el libro de Barnett y se dispuso a leer el pasaje anticipado–: "el significado de la palabra explicar, se ha ido reduciendo a medida que el hombre viene avanzando en su búsqueda de la realidad. La ciencia no puede aún, realmente, 'explicar' la electricidad, el magnetismo y la gravitación, sus efectos se pueden medir y predecir, pero de su naturaleza esencial el hombre de ciencia actual no sabe más que Tales de Mileto. La meta de la ciencia aristotélica era explicar por qué pasan las cosas, la ciencia moderna nació cuando Galileo empezó a tratar de explicar cómo pasan las cosas, y dio origen así al método de experimento controlado que forma actualmente la base de la investigación científica ..., de los descubrimientos de Galileo y Newton en la siguiente generación, surgió un universo mecánico, de fuerzas, presiones, tensiones, oscilaciones y ondas. Al parecer no existía fenómeno alguno de la naturaleza que no pudiese ser descrito en términos de nuestra experiencia ordinaria, ilustrado por un modelo concreto o predicho por las leyes mecánicas asombrosamente exactas de Newton. Pero antes de que llegara a su fin el siglo XIX, se manifestaron ciertas desviaciones de estas leyes y aunque estas desviaciones eran ligeras, su naturaleza era tan fundamental que todo el universo semejante a una máquina de Newton empezó a desmoronarse. De manera que la certeza de que la ciencia pueda explicar cómo pasan las cosas empezó a debilitarse. Y actualmente nos preguntamos si el hombre de ciencia estará siquiera en contacto con la 'realidad', o puede tener la esperanza algún día de estarlo". ¿No les parece una aproximación interesante sobre los precedentes que pudieron influir en Einstein al nombrar su descubrimiento?, ¿qué cree usted señora Lotenz?

Tendríamos que sesgar mucho una opinión para negar la aguda y sugestiva reflexión propuesta por Flew Flew a partir de las palabras del señor Barnett. Sea este el momento para repetir con plena tranquilidad que no descubrí nada con mi espíritu racional. Relatividad, es ni más ni menos que una apócope para designar mi observación. Sin embargo, sigo embebido en mi pensamiento anterior, y en definitiva resulta muy significativo notar que al encaminar un hecho científico se deriven similitudes en lo que muchos llamarían el capricho estructural de un relato literario.

No acabó Flew Flew de pronunciar la última palabra cuando comenzaron a sentir una fuerza imposible de repeler, y fueron succionados por el pequeño orificio de la biblioteca. Antrux se demoró un poco, hasta que al fin lo logró después de luchar varios minutos para que sus ganchos pelosos cruzaran de vuelta por el diminuto agujero. Más tarde, recostados en el sofá la abuela acariciaba el cabello ensortijado de su nieto. Lo que habían visto y escuchado de boca de Flew Flew sobre la historia reciente de nuestro planeta los hizo reflexionar, los hechos expuestos hacen reflexionar incluso al más desprevenido, y ellos no fueron la excepción, caló perfecto en la conversación que mantenían desde días atrás. Hasta entontes no habían hecho conciencia sobre la importancia que tiene cada dato dentro de la narración de cada hecho, y a su vez la importancia que tiene cada hecho dentro del pensamiento de una época. Quizás porque nos acostumbraron desde pequeños a escuchar fechas importantes, a destacar situaciones, pero nunca a mirarlas como portadoras de una realidad precedente, amplificadora y reverberante del tejido que nos correspondió vivir a cada uno. Pero después de mirar a los ojos una parte de la historia, se hicieron conscientes de ello, entonces sin ningún asomo de reticencia tuvieron que transigir en su definitiva magnitud, reconocer cómo los tiempos resuenan unos sobre otros.

El anterior pensamiento me conduce a repensar en otra cosa: porqué a pesar de mi vivo interés por la filosofía, siempre terminé abandonándola, quizás porque siempre me resultó un campo muy nebuloso, pero debo aclarar que después de mis renuncias me fustigaba, me parecía tonto de mi parte pretender negar mi pertenencia a un grupo entre los que se cuenta a los filósofos, quienes también gastan su existencia entre intentos de formular respuestas a fieros interrogantes y a sus verdades derivadas. De hecho, otras disciplinas lo hacen, por ejemplo, las matemáticas expresan la misma búsqueda a través de la formulación de conceptos abstractos. Y es mi deber recordar que después de conocer múltiples aspectos secretos que me reveló la física sobre este mundo, en reiteradas ocasiones me repetí, quisiera saber más matemáticas para comprender mejor el universo.

— Sabes Agüe, tengo varios interrogantes sobre el descubrimiento que hizo el genio. Primero, ¿por qué fue él quien cambió la visión del universo en el siglo XX? Y segundo, ¿qué fue lo que cambió? Alcanzo a entender o creo entender algo, pero no termino de distinguir en concreto, ¿qué descubrió?, quiero saber más sobre cuál fue ese secreto que el universo le reveló a él.

— No me estás pidiendo una respuesta sino muchas. Mira, si empezamos por cuál es el sentido de la relatividad, encontramos que en ella se encuentran dos componentes prioritarios: el universo que es el referente de una visión matemática objetiva, y la realidad, equivalente a la comprensión subjetiva de quienes viven en ese universo. De ahí que resulte tan sugerente la definición que alguien hizo de ella al llamarla "una maravillosa justificación de la multiplicidad armónica de todos los puntos de vista". Desde esa óptica, lejos de interpretarse como una deformación de la subjetividad, adquiere un valor objetivo.

— ¡Agüe párala, párala! ¿De verdad crees que me aclaraste algo?, si no estuviera oyendo tu voz, pensaría que quien lo dice es mi pá, ¿qué te pasa? –Miguel levantó la mirada del libro que tenía en sus manos con algo de recelo y sonrió socarrón.

— Es cierto, –asintió la abuela–, debe ser el entusiasmo que me produce el tema. Intentemos de nuevo. Lo que el genio, como tú lo llamas, quiso resaltar fue que, un descubrimiento científico corresponde al resultado objetivo de observaciones y comprobaciones sobre un fenómeno, pero en este caso, depende en gran medida de la subjetividad de la persona que lo experimenta, porque la vida o la existencia de ese individuo se afecta desde diferentes campos (el físico, el filosófico, el psicológico, el experimental, el moral), en cada acto que vivencia.

Anaagüe miró a su alrededor, encontró en las pupilas de Don Eugenio una nube de interrogantes proporcionales a los de su nieto, entonces trató de distraer la atención recogiendo los platos dispersos sobre la mesa de centro, tomó un respiro y se volvió al altillo, reparó en mis ojos, buscó la palabra justa que le ayudara a concretar lo dicho, pero mis ojos persistentes en una foto no pudieron manifestarse; además me tomó por sorpresa su solicitud porque yo todavía zurcía con sumo cuidado algunos dilemas de los que Flew Flew dejó flotando en el aire. Anaagüe guardó silencio durante unos minutos y les pidió un respiro antes de contestar, mientras ponía en contacto algunas certezas frente a sus propios interrogantes. Por su parte Felipe y Don Eugenio, engulleron un discreto reproche al esfuerzo de tres semanas en las cuales creían haberlo resuelto todo, al menos en lo referente al personaje, y hoy en un descuido descubrían cómo esa claridad se empañaba por un solo interrogante. Casi amordazados por la contrariedad, guardaron silencio y cada cual se retiró a distraer sus dudas.

Despertar en mí el monstruo de la envidia nunca fue fácil, pocas cosas lo lograron, pero el paseo en bote al que asistí desde mi pared ganó mi resistencia a ese sentimiento. Qué no hubiera dado a cambio de estar al timón esas horas, comandando mis recuerdos. Y luego, ese minucioso repaso fílmico por la historia de mi tiempo ¡Humm! quizás nunca se termina de conocer sobre la vida misma. Un solitario que como yo trató de mantenerse al margen de las opiniones de los demás, desechándolas al olvido, y ahora descubro que mirarnos en los ojos de los demás, resulta de gran ayuda para comprender los detalles sueltos entre el alma y el corazón de una vida que ya pasó.

Capítulo 4.
Un nuevo concierto

La situación ficcional y teórica descrita en el capítulo anterior me lleva a reflexionar en si el recurso metodológico que formulé corresponde a la episteme temporal a la que pertenezco, esa episteme que teorías como la relatividad asentaron en los subsecuentes cambios que acompañaron su aparición, los cuales se convirtieron en el recipiente para verter una nueva manera de consideración, miramiento y análisis de una existencia móvil, la misma que conduce los cambios. Si bien el discurrir histórico de principios del siglo XX transfirió un notorio deterioro vital al ser humano, la resaca que ese proceso social trajo consigo requirió el redireccionamiento de la comprensión sobre la forma de conocer, la readecuación y resignificación de algunos procesos mentales a modo de deconstrucción epistemológica.

Al hacerme consciente de ese resultado afloran nuevos interrogantes como, ¿qué es aquello que nos permite abrazar con notable ductilidad una explicación expuesta narrativamente, en cambio, si la misma situación se expone a través de un trazado teórico en muchos casos se nos dificulta? No es una pregunta que suela hacerme porque a nombre propio suelo creer que ambas son susceptibles de perspectivas variables cuya aplicación complejiza el conocimiento, pero también creo que tiene que ver con la forma de conducir el ejercicio de pensar, que suele tender a deshilvanar y a simplificar el pensamiento abstracto, y en ese caso, tendríamos que preguntarnos: ¿Cuál será el resultado de acondicionar esa misma conceptualización a través de la narrativa literaria, que la aglutina a través de un nuevo concierto dentro del pentagrama visual de las palabras?

Puede parecer extraño comprender la vida de un gran número de seres humanos a través de una teoría formulada y aceptada; pero, en este aparte de *La clave de un nuevo tiempo*, podrá apreciarse que el cambio comprensivo sobre el universo corresponde a una secuencia perceptiva de varios siglos, y su reestructura analítica sobre muchos aspectos de nuestra existencia dio un notable brinco evolutivo durante el siglo XX.

4. A FUTURO COMO PROMESA

Las anteriores consideraciones implican dos aspectos. Como primer aspecto, tiene que ver con aquello que podemos suponer después de escuchar a los protagonistas del texto narrativo, como lectores de realidades debemos aprestarnos a que tanto la problemática como la correspondiente solución de una realidad colectiva se convierta en el insumo de análisis de una novedosa comprensión individual, cuya respuesta proviene de diferentes fuentes comprensivas. A lo anterior se suma un segundo aspecto, el ingreso de un concepto inobjetable cuando se habla de la complejidad porque implica los procesos de comprensión interdisciplinar, me refiero a la transdisciplinariedad.

No sobra recordar que el concepto de transdisciplinariedad como "un sistema común de axiomas para un conjunto de disciplinas" (Thompson, 2003, p. 30), sólo hasta 1970 se instituye, y apenas en 1987, Basarab Nicolescu identificó tres elementos constitutivos en esa nueva aproximación: complejidad, múltiples niveles de realidad, y la lógica del tercero incluido (p. 31); y con ello realizó un llamamiento por un nuevo tipo de transdisciplinariedad; lo nuevo no consiste en su infalibilidad o en su capacidad para arrasar con la investigación disciplinaria como si se tratase de un error, sino en cómo en sí misma atesora un cambio cardinal en la actitud humana frente al contexto epistemológico global contemporáneo, una transición fundamental con respecto al conocimiento y al reconocimiento de lo cotidiano como sustento.

No obstante, también es importante tener presente opiniones como las de Köppen, Mansilla y Miramontes que desde 2005 comentan:

> ... la transdisciplina suena bien, pero en la práctica no funciona. Nadie sabe cómo hacer para que las barreras entre las disciplinas desaparezcan. [por eso] Se elaboran complicados discursos acerca de la necesidad de un

metalenguaje, una especie de esperanto intelectual que borre las fronteras y que permita una especie de libre comercio entre las disciplinas". (p. 9).

Razón por la cual en este texto apremia puntualizar que las disciplinas que intervienen en cada fragmento capitular de este trabajo rebasan el ideal moderno de establecer y aclarar de dónde proviene cada una, bien sea por las diferentes inquietudes prácticas en que se originaron, bien sea por sus respectivas procedencias conceptuales, bien sea porque durante el proceso de investigación temático se produjo un intercambio, o porque sus resultados apuntan a un recurso genérico; lo cierto es que su interrelación apunta a la traducibilidad entre ellas para abrir un espacio dialógico eminentemente complejo que no obstaculice su relación ni comprensión, que se sintetice en un producto de absorción de los conceptos inscritos en el proceso metodológico, seguido de los nuevos conocimientos que procura la comprensión del andamiaje contextual interdisciplinar, formulado por la individualidad de quien interpreta una realidad.

A eso se debe que el punto transdisciplinario exacto en la propuesta que aglutina *La palabra-imagen* estribe en los logros que establecen las relaciones de los saberes incluidos que la conforman, los cuales repercuten más tarde o más temprano, en cómo cada texto se zambulle en los conocimientos precedentes de quien lo construye; pues su mayor interés se dirige a producir un escucha que replantee las formas comprensivas sobre una realidad; y el producto inmediato es su empoderamiento como nuevo intérprete de ella, convirtiéndose en un individuo capaz de producir formas propias de observación no necesariamente inspiradas por paradigmas establecidos.

A propósito, cuando Delgado (2012) expone el término de democracia cognoscitiva se refiere a una forma de devolver el poder del conocimiento a los ciudadanos (p. 10); una manera de fortalecer el despliegue de nuevos conceptos en procura de formulaciones, aplicaciones y comprensiones democráticamente individuales, un término que Morin por su parte lo aduce a la capacidad transformadora del ciudadano para pensarse a sí mismo y más solidario, convirtiéndose en cooperante activo para la propagación de su intersubjetividad; y Thompson (2003) afirma que es una facilitadora del aprendizaje del individuo como escucha.

Son tres acercamientos al concepto que indirectamente construyen el puente hacia lo transdisciplinar. Explican Sotolongo y Delgado (2006) que la transdisciplinariedad "persigue obtener 'cuotas de saber', análogas sobre diferentes objetos de estudio disciplinarios, multidisciplinarios o interdisciplinarios ... articulándolas de manera que vayan conformando un corpus de conocimientos que trasciende cualquiera de dichas disciplinas, multidisciplinas en interdisciplinas" (p. 66). O en palabras de Lanz (2010):

> Desde luego no se trata de una "suma de factores" sino de una articulación dialéctica, es decir, un entramado de relaciones que se mueven ambivalentemente, sin causalismos. [De ahí que] la categoría de transcomplejidad (posmoderna) no es un adminículo puramente técnico que el investigador puede transportar de un lado a otro sin pagar ciertos peajes teóricos (p. 20).

Opinión que se acerca a la del cubano Carlos Delgado (2002) cuando conjetura sobre una moción del colombiano Carlos Maldonado (1999) –reseñada por Espina (2003)–, quien admite que "el aprendizaje del pensamiento relacional ... supera las dicotomías de los enfoques disciplinarios del saber", por eso, ... el proceso de la cognición humana en general, avanza hacia la elaboración de una nueva mirada al mundo y el conocimiento supera el reduccionismo a partir de las consideraciones holistas emergentes del pensamiento sistémico (p. 11).

Como puede notarse, todas las pretensiones antes anotadas son apetencias propias del trabajo literario, de la literatura y por supuesto del acto narrativo. se trata de pensar en algo que interesa a todos: producir sentido sinérgico para ampliar la gama comprensiva que la modernidad adecuó, pero que llegó la hora de remodelar. La producción de sentido, de nuevos sentidos, no será posible si seguimos convencidos de que el pensamiento fraccionado va a erigir algo más que conocimientos especializados, que si bien son valiosos y necesarios por momentos, el real cambio está dado por la capacidad para reconocer las nuevas sinergias cotidianas, esas que a diario mueven la realidad para renovar el entorno, porque "... existen fenómenos que sólo pueden ser explicados tomando en cuenta el todo que los comprende y del que forman parte a través de su interacción" (Johansen, 1989 en Sarquis y Buganza, 2009, p. 46).

Es el caso del esfuerzo manifiesto realizado en la escritura de un texto narrativo de creación, el cual en principio o durante el acopio informativo como requerimiento de la investigación puede aparecer como multidisciplinar –filosofía, historia, geografía, sociología, literatura–; luego interdisciplinar, durante el análisis y la organización previos a la escritura; y al final, aparece el carácter literario a través del lenguaje narrativo como productor de un objeto nuevo, expuesto al tamiz paradigmático en un comienzo, luego al matiz de la comprensión teórica, que poco a poco hace visible la concreción de la realidad que configura una nueva comprensión mediante la imagen, una vez se plasma en la escritura como constructora de un resultado transdisciplinar.

Cuando ese proceso tiene lugar, dos acciones paralelas acontecen en la construcción narrativa, la metaficción y la fragmentariedad, rasgos característicos de la escritura contemporánea. El autor se inmiscuye dentro del texto como personaje empático, como narrador activo, comentarista del texto mismo, convirtiéndose en lector de su propio texto; acción que da paso a la incursión del lector externo, mientras se interrumpe el flujo continuo, y con ello, los textos dejan de decir en soledad y comienzan a hacerlo en compañía del lector. Es en ese punto donde el texto se abre a diferentes posiciones complementarias de época. Me refiero a la doble productividad de la que hablaba Kristeva entre autor y lector, o Eco exaltando la obra abierta de no finales, no soluciones, no respuestas; o como en el caso de este texto cuyo fin es colegir comprensivamente diferentes aspectos de un proceso no ficcional que trata sobre la ficcionalización comprensiva de realidades, y se vale de la fragmentariedad comprensiva lectora, mediante la utilización de textos intergenéricos.

En este sentido según Nicolescu, si la realidad "resiste a nuestras experiencias, representaciones, descripciones, imágenes o formalizaciones matemáticas, podemos entender el tiempo como un conjunto de representaciones cuyo significado ha sido concebido simbólicamente y perpetrado en cada imagen que los construye y expresa en la escritura" (p. 47). Entonces, la abstracción no es solamente una herramienta para describir la realidad, es parte de la realidad; en ese sentido *La palabra-imagen* provee la adecuación expresiva correspondiente a una visión de mundo que esgrime quien narra y cuyo resultado termina por ser diferente a la lectura que en un comienzo tuvo quien la produjo.

Es así como la transdisciplinariedad reconoce la multidimensionalidad de la realidad y la coherencia entre diferentes niveles de realidad (Thompson, 2003), mediante un diálogo reflexivo que procura la subjetividad de cada autor, a partir de esa misma realidad descrita teóricamente por cada espacio disciplinar; convirtiéndose a la vez en la ciencia y el arte de descubrir puentes entre diferentes objetos y áreas de conocimiento (Klein, 2004) al interior de un nuevo texto. Los mismos puentes que cada científico tiende entre la imaginación y la realidad, tan parecido al que el literato tiende entre la realidad y la ficción.

Quizás por eso Slavoj Zizek (2006) asegura que "una nueva ′experiencia vital′ está en el aire, una percepción de la vida que rompe los límites formales de la narrativa lineal y convierte la vida en un flujo multiforme" (Citado en Bellón, 2010, p. 66). En la actualidad nos acompaña la firme certidumbre de convivir con un sentido diferente que a diario se erige, en tanto prosperamos hacia otro estado mental, sensorial y espiritual; es decir, multidimensional, porque "no es posible seguir afirmando la inexistencia de más niveles de percepción de la realidad por parte del sujeto, pues la contrapartida de la posibilidad de existencia de más de un nivel de realidad es la posibilidad de existencia de más de un nivel de percepción" (Sarquis y Buganza, 2009, p. 47), el mismo círculo que vive quien construye una nueva realidad narrada.

4.1. Otro principio

De acuerdo con el modelo transdisciplinar que naturalmente acuña la realidad, la naturaleza es objetiva y a la vez está sometida a una objetividad subjetiva, es el caso del sistema inmunológico del cuerpo humano, que como explica Varela siempre se está autoevaluando y reconfigurando. Y según Espina Prieto (2007), "el sujeto que conoce está implicado (emocional, racional, éticamente) en el contexto de aquello que conoce, ... está relacionado con el objeto, lo modifica y se modifica a sí mismo en el proceso investigativo" (Citado en Sarquis y Buganza, p. 53), quienes también mencionan a Beuchot y Arenas-Dolz (2008), para tratar lo que llaman un nuevo 'principio de relatividad': ningún nivel de realidad constituye un lugar privilegiado donde se puedan comprender todos los otros niveles de realidad, lo cual habla precisamente de un relativismo relativo (p. 51); en la medida en que los niveles de realidad están unidos a los niveles de percepción, correspondiente a los presupuestos desde los cuales Basarab Nicolescu describe la actitud transdisciplinaria:

> ... pensamiento y experiencia interior, y ciencia y conciencia, y efectividad y afectividad. ... La transdisciplinariedad puede ser concebida como la ciencia y el arte del descubrimiento de las *pasarelas* [a la vez entre los diferentes campos del conocimiento y entre los diferentes seres que componen una colectividad, porque el espacio exterior y el espacio interior son dos facetas de un solo y mismo mundo]. (Citado en Carrizo, 2003, p. 60).

Lo cierto es que "de pliegue en pliegue, el hombre se inventa a sí mismo y de ello resulta otro nivel de comprensión. Siendo la realidad múltiple y compleja, y los niveles de comprensión múltiples y complejos". En *La palabra-imagen*, la Realidad –es el pilar–, se encuentra en variados tipos de acepciones disciplinares, pero ante todo percepciones transdisciplinares porque en el fondo apunta al conocimiento de los individuos –de quien narra y quien es narrado–, a través de la capacidad para percibir y narrar.

Una anotación que considero necesaria. Es bien sabido que el ideal en las Ciencias Sociales y en las Humanidades no se expresa según los requerimientos argumentales de la Ciencia, porque su campo crítico no propende a conducir la razón objetivada hacia una producción netamente racional; aunque paradójicamente el sentido de *La palabra-imagen* se fundamenta en que siendo los Estudios Literarios el adalid de la posición científica que guía la comprensión y construcción textual; *La palabra-imagen* al congregar las categorías analíticas u operadores lógicos conceptuales se constituye en vigía del devenir científico, provee una particular autopista comprensiva de expresiones conceptuales a quien esboza una historia, ellas se transfiguran en operaciones escriturales más allá del resultado visible, las cuales requieren una deducción lógica que los lleva a erigirse en imágenes, pues la ENC no es presa del sentimiento a secas, también demanda un sistema deductivo para conducir la idea que respalda la propuesta estética de cada texto como resultante de una poética individual, que para el caso de la propuesta de la ENC se forja a través de la construcción metódica de una singularidad narrativa, haciéndose visible mediante seis razonamientos que guían y demuestran cómo su poética teórica y práctica orquesta la propuesta de *La palabra-imagen.*

- La palabra-imagen parte de un presupuesto paradigmático.
- Luego comprende cómo cada fracción es parte del todo.
- La investigación y narración son dos instancias paralelas del camino a *La palabra-imagen.*
- La lectura de la realidad prepara la noción objetiva, científica, previa a la narrativa.
- La imagen es el resultado narrativo transdisciplinario.
- La nueva perspectiva forja un paradigma transformador y transdisciplinar.

Todo el recorrido que propone hace circular una circunstancia o anécdota que mueve los hechos que se cuentan, mientras crea la atmósfera de una situación mayor, generando un entorno contextual que será coloreado por sentimientos constructores de imágenes para contar. Es decir, de una situación surge un tejido de elementos que tejen la realidad. Por ejemplo, un día llegué a mi trabajo consternada y con lágrimas en los ojos dije "Hoy le vi los ojos a la guerra". Resulta que de las muchas mujeres jóvenes que en los semáforos de Bogotá ofrecen infinidad de artículos para la venta, una niña, apenas saliendo de su adolescencia se paró frente al automóvil que se encontraba frente a mí. Había una lluvia pertinaz, que decir eso sobre el clima de Bogotá equivale a una tarde lluviosa inacabable, muy fría y de congestión vehicular casi al borde de la histeria. Esta niña hermosa, por cierto, con toda la juventud exhibida por sus carnes jóvenes pegadas a la ropa mojada, se paró ante la vía impidiendo el paso de un automóvil y con toda la desesperanza que su rostro fue capaz de expresar tendió su brazo con una paquete de bolsas para la basura y clamó de una manera que nadie tendría porque hacerlo, dijo: ¡Por favor!

Luis Carrizo (2003), insiste en que el investigador debe "promover la construcción de un espíritu científico crítico, abierto y riguroso, que ciertamente tendrá consecuencias éticas, políticas y antropológicas en la filosofía y la praxis" (p. 60), aunque no dejan de aparecer –lo que él llama– obstáculos de tipo epistemológicos, culturales, institucionales, organizacionales, psicosociales y económicos. Todos vistos como problemas, y sin duda lo son, pero también son el acicate para quienes están en la tarea de leer la realidad, porque si la referencialidad y la dimensionalidad son medidas que conllevan la expresión múltiple de la transdisciplinariedad, en definitiva, esos obstáculos son elementos que determinan el espacio perceptivo del individuo que narra, cuyo papel es tejer la realidad en torno a esa situación.

4.2. Una razón más para la narración académica

El ejercicio autoorganizado y entrópico que el pensamiento complejo zurce en el presente texto, interrelaciona tres factores (teoría, narrativa y experiencia), testifica la propuesta metodológica como propuesta epistémica contemporánea y como una poética propia de cada narrador, que a su vez ilustra una experiencia transepistémica, máxime ahora que "el mundo ha comenzado a dejar de ser un conjunto de objetos para convertirse en un enjambre de conexiones, de interacciones, de redes, de emergencias, de devenires, de incertidumbres, de contradicciones" (Osorio, 2012, p. 280), porque cada uno de ellas insta al diálogo y todas desde la perspectiva narrativa resultan ser vinculantes prioritarias para lograr la narratividad de un texto académico.

Y si hablamos del texto que lo concreta resultan de interés las palabras de emitidas por Vásquez: "Narrar es una actividad que modela la mente del ser humano, Narrar es una actividad intersubjetiva radicalmente cultural, Narrar es una actividad peligrosa" (Citado en Siciliani, 2014, p. 37).

En su libro *La trama de la vida* (1998), Capra recuerda que:

> "'Quizás debamos ir más allá de los mecanismos de relojería'. Desde que Brenner hiciera estos comentarios, ha emergido ciertamente un nuevo lenguaje para la comprensión de los complejos y altamente integradores sistemas de vida. Distintos científicos le dan nombres diferentes: «teoría de los sistemas dinámicos», «teoría de la complejidad», «dinámica no-lineal», «dinámica de redes», etc. Los atractores caóticos, los fractales, las estructuras disipativas, la autoorganización y las redes autopoiésicas son algunos de sus conceptos clave". (Capra, p. 20).

El listado del nuevo lenguaje que Capra resalta, se une a la perspectiva que reviste este trabajo como: "nueva gramática cultural", "escritura contemporánea", "comunicación autorreferencial", "discontinuidad discursiva", "reflexiones metatextuales", "repotenciación receptiva", que vinculan el tránsito de las últimas décadas, a ese corpus terminológico, razones para que biografías, bitácoras, historias de vida, cuentos, novelas, memorias o poemas entre otras formas narrativas se destaquen en medio de las notas, papeles, discursos, argumentos y resultados de los investigadores en la actualidad, dando paso a la narración como un cambio argumental dentro de la investigación científica (Rivas, 2010, p. 1).

Con intención parecida García-Huidobro, insta a contemplar la narración de los resultados de una investigación desde la ficción narrativa o desde géneros en apariencia por completo ajenos a la disertación científica, porque el traje deconstructivista se abre paso con holgura "para disrumpir el modo binario de la academia y abrir(nos) nuestros textos e investigaciones hacia múltiples espacios, perspectivas y sujetos" (Gannon y Davies, 2012. Citado en García-Huidobro, p. 169), tal como se observa en algunas investigaciones de autores posestructuralistas (p. 169). En ese sentido, el tejido hecho en *La realidad narrativa por imaginar en la escritura académica* está concebido como un texto de creación académica, sobre todo porque como bien dice Morin (1996) "... la auto ética me exige no disfrazar mi subjetividad en mis escritos, ... sino dejarme ver por el lector, incluyendo las debilidades y las pequeñeces" (p. 89); y porque esa subjetividad representa un modo personal correspondiente a *La palabra-imagen.*

Quizás sea el momento de traer a colación con mayor frecuencia las nuevas prácticas, esas que acoplan formas narrativas modificadoras de los paradigmas, las que hoy determinan buena parte de la presentación de resultados en la investigación académica, y con ello propician una nueva actitud epistémica en quien escribe y en quien lo recibe. Quizás esa sea una razón para que autores como Walter Fisher, consideren más persuasivas a las historias que a los argumentos; y a Ripamonti (2017) quien nos recuerda que, el texto encargado de documentar el trabajo de investigación realizado no debería traicionar la modalidad teórico-metodológica, pudiendo adoptar una escritura narrativa (p. 99).

Desde esa óptica resulta pertinente preguntarnos: ¿Qué puede una narrativa? ¿Qué nos permite? ¿Qué abre? ¿Qué recorta? ¿Qué dice? ¿Qué calla? ¿Qué articula? ¿Qué trama? ¿Qué cuestiona? ¿Qué descentra? ... ¿Qué tipo de material/ archivo/ fuente/ texto constituirían? (p. 84). Y yo agregaría, ¿qué se pretende con la narratividad lograda, pues la articulación que la decide también encierra razones semánticas? En tanto eso, me afilio a la siguiente afirmación de Ripamonti: "quien narra corre riesgo, se arriesga, y arriesga aquello que lo excede. [Porque] lo sustantivo de la narrativa se juega en su vínculo con la experiencia" (p. 85); pues quien la dirigió vivió paso a paso una experiencia susceptible de ser contada. Razón de más para que el discurrir sobre la praxis autorreferencial de la experiencia sea capital como una forma que nos permite el acceso a conocer, e instaurar procedimientos sin aflorar aún.

4.3. *La clave de un nuevo tiempo:* Un interrogante a la vez

A media tarde un olor acaramelado capaz de estimular el paladar más quisquilloso distrajo de sus labores a Miguel, a Felipe y a Don Eugenio. Entre la saliva y el deseo por descubrir su origen ingresaron al bosque, caminaron absortos gobernados por aquel olor arrebatador. Después de atravesar una incómoda enramada ingresaron a un fastuoso jardín policromo, Flew Flew, Martínez y Antrux hallaron en él un recipiente del que manaban hervores de un extraño brebaje que destilaba olor a campos de frutas en estación. Se acercaron a aspirar aquel aroma invasor hasta quedar de cabeza sobre una paila contenedora de aquella sustancia melcochuda de olor embriagador. Sólo al retirar la nariz del cocimiento observaron a la menuda señora Lotenz suspendida encima de sus cabezas. Martínez interrogó a la buena de la señora Lotenz acerca del desconocido potaje de magnífico aroma. Lo observó por un instante y satisfecha contestó tan campante: "Son sólo dulces. ¿Sabían ustedes que estoy aplicando la física material?" Los tres cruzaron miradas sin entender y dando pequeños pasos en reversa tomaron distancia de la paila. Dicho esto, continuó ensimismada en su quehacer.

— ¡Hummm! señora Lotenz, y si mezclara las frutas para hacer dulces tutifruti, ¿quedarían bien? –preguntó Martínez.

— ¿Te refieres a usar la física mental para hacerlos? –la sorpresa de Martínez creció, y al mirar a Flew Flew descubrió en su gesto un desconcierto similar–. Mezclando las frutas quedarían deliciosos, bastaría con no revolver cítricos y frutas dulces para no cortar el sabor de ninguna.

— ¿Y, eso, es física mental? –preguntó dudoso, casi tartamudeando.

Un sí rotundo dio inicio a la clase de física avanzada que recibimos el resto de la tarde. Comenzó por explicarnos que existen dos tipos de física, la material y la mental, liadas por una tercera, la intelectual, tan sólo hay que aprender a aplicarlas en su justo tiempo y lugar para no alterar el espacio que a cada cosa corresponde; al fin y al cabo, la física es fuerza pura que se transmuta mediante la alquimia de los pensamientos y de los hechos. Así, poco a poco fuimos entendiendo con su manera sencilla que la física puede entenderse con facilidad si utilizamos más a menudo la deducción, gracias a que la ciencia estudia los fenómenos de la naturaleza, y la física hace el recuento deductivo de nuestro entorno. El estudio de la física, como siempre lo indiqué, surge de tomar en cuenta lo más sencillo unido a la imaginación y la imaginación no hace alardes, simplemente saca a flote lo que puede llegar a ser.

— ¡Miren! –dijo requiriendo la máxima atención. Levantó el lápiz de tinta púrpura para escribir en el aire–. La humanidad ha demostrado tener un periodo promedio de siglo y medio para digerir cada gran descubrimiento que se hace sobre el universo, la historia que nos llegó en la voz de Einstein corresponde a un secreto más que un hombre vino a contar; en cada siglo existe alguno. Por ejemplo, Galileo (1564) nació 163 años antes que Newton y 315 años antes que Einstein, estuvo a punto de ir en varias ocasiones a la hoguera porque valiéndose de la observación minuciosa, empezó a deducir las leyes gravitacionales que redefinieron los conceptos físicos de su época, específicamente los criterios del movimiento, aunque él no sabía cómo expresarlas desde el campo aritmético, sabía lógica y analíticamente cuál era la respuesta; murió diciendo a voces que el centro del universo no era la tierra.

Al nacer Newton (1727) relevó a Galileo, quien al morir nos dejó leyes de gran relevancia para la comprensión de nuestro entorno. Una de esas leyes está directamente relacionada con el movimiento de los cuerpos en la tierra; sea la oportunidad de aclarar que en física a todo ser que hace parte del planeta tierra se denomina cuerpo o partícula. También trabajó el concepto de fuerza, porque la existencia y la experiencia vital de los cuerpos, están relacionadas con la fuerza en sus diferentes manifestaciones: mecánica, electromagnética o estacionaria. De manera que la ejecución de un movimiento depende de la fuerza ejercida de acuerdo a la relación entre la masa y la aceleración. A partir de estos conceptos expuso tres leyes fundamentales. La ley de la inercia: todo cuerpo tiende a estar en su estado original, a menos que exista otra fuerza contraria mayor que logre cambiar su estado; si tú estás en un sitio y no tienes intención de moverte, no lo harás a menos que lo decidas o alguien con mayor fuerza te impulse a hacerlo. La ley de aceleración: a mayor masa menor aceleración. Normalmente una persona pesada es más lenta que una persona liviana, a menos que esta última sea muy lenta. La ley de acción y reacción, consiste en que, cuando se ejerce una fuerza sobre un cuerpo, este último reacciona con igual fuerza sobre aquél. Si yo aviento una naranja al cielo, la fruta cae de nuevo a mi mano con la misma velocidad que subió, obtengo de vuelta una fuerza igual. Suficiente hallazgo para una sola persona, ¿cierto? Y después de desarrollar la teoría corpuscular de la luz y establecer la composición de la luz blanca, entre otros trabajos, Newton muere, ciento cincuenta y dos años antes de nacer Einstein (1879).

Por esa época Kepler (1571) empezó a detallar el movimiento de los planetas concluyendo que se mueven en órbitas elípticas, debido a la fuerza gravitacional que ejerce un cuerpo sobre otro; y si un cuerpo tiene mayor masa que otro, ejerce una fuerza de atracción mayor. Así, entre uno y otro científico el paso de la historia fue abonando conocimiento, mientras unos miraban hacia abajo, otros guiaban su observación hacia arriba, e iban completando las fichas del ajedrez al que entró a hacer parte el tiempo, el espacio y Einstein, porque todo se encuentra en relación.

Hizo una pausa, y seguido de un gesto conclusivo con la cabeza volvió de su abstracción mental. Todos quedaron inmóviles, pero no por la explicación que escucharon de sus labios sino porque para este momento no había por dónde moverse, ni una pizca del espacio entre ellos estaba vacío, lo llenó de números, nombres y conceptos que ella escribió en el aire. En sus notas era fácil apreciar la simplicidad de la explicación, en su boca estas guías universales de la física incluían un toque de extrema claridad, y aunque sus acompañantes así lo solicitaron, precisamente el hecho de que les resultara tan sencillo los llevó a sospechar que en verdad lo fuera. En mi opinión, esa actitud se debe a la deformación que nos han creado frente a estos temas, nos acostumbraron a la dificultad en su tratamiento.

Flew Flew inclinó la cabeza hacia un costado, y pensativo dijo: "Sí, sí, tiene sentido, pero ¿a dónde quiere usted llegar?" Martínez por su parte, ensimismado en la explicación, hizo caso omiso de la pregunta, Don Eugenio anonadado gruñó incrédulo y el silencio revistió todo el lugar.

— Sin temor a equivocarme –susurró Flew Flew–, creo que lo más indicado es buscar un lugar cómodo, tengo la sensación de que escucharemos cosas muy interesantes.

— Estoy de acuerdo –contestó entre dientes Martínez a la observación de Flew Flew, sin dejar de seguir con su mirada a la señora Lotenz–. Entretanto ayudemos a envolver los confites, aunque esa peligrosa empresa sería mejor realizarla lejos de la paila humeante para evitar quemaduras con la fruta acaramelada. Si estamos a salvo, podremos disponer mejor un par de neuronas para entender sobre la relatividad –y con algo de presteza torpe ayudaron mientras escuchaban absortos.

— De niño, como ya nos contó Martínez, Einstein orientó su atención a fenómenos sencillos que estaban a los ojos de todos. Sin embargo, su mente generaba interrogantes que otros jamás formularían. Era muy joven aún y no contaba con las herramientas para solucionarlos, pero sí contaba con dos elementos invaluables, curiosidad e intuición, dos elementos que le permitían ir más allá de la simple apariencia de la realidad. Me refiero a interrogantes como: ¿Qué pasaría si viajara en un haz de luz? O ¿por qué la luz roja produce mayor longitud de onda? Interrogantes que forjaron su experiencia en la ciencia, pero en la medida en que datos o conceptos comenzaron a arrojar soluciones, de inmediato él embistió con nuevas formulaciones. Por ejemplo, Max Planck, un físico alemán contemporáneo suyo e importante personaje en la historia de nuestro Alberto, da cuenta de la existencia de partículas que liberan energía, concepto que ya existía, y termina por formular la Teoría de los Cuantos. Lo significativo es que Planck observa los cuerpos no como simples objetos materiales, sino que se dirige a lo micro, al átomo, concluyendo que es la mínima expresión de todo lo que existe, y afirma que la energía no se crea ni se destruye, sólo se transforma. Ahora, yo les pregunto a ustedes, ¿cuántos años calculan se necesitaron para poder llegar a este concepto?

La presunción de ignorancia que la pregunta suscitó, dejó en suspenso el gesto de los tres a la espera de una respuesta que por supuesto ninguno intentó por simple prudencia ante el desconocimiento sobre el tema. Y supongo que, porque hacer cuentas carecía de sentido en ese instante. Aunque analizándolo desde la perspectiva de la señora Lotenz tiene razón en cuanto a la digestión humana de las ideas, según su explicación y los hechos, el aparato digestivo del pensamiento humano tarda un promedio de 150 años en procesar las ideas que traen nuevas postulaciones. De ahí que nuestra historia de la física haya requerido un Tolomeo, un Copérnico, un Newton, un Kepler y muchos otros, aproximadamente nueve siglos de descubrimientos físicos y nueve científicos a razón de uno muy relevante por siglo antes de poder acercarnos a la relatividad. De hecho, al notar la inmóvil persistencia que les produjo aquel cuestionamiento, la señora Lotenz decidió continuar.

— La Teoría de los Cuantos, esa, que Planck enunció, es la misma que Einstein tomará como pieza importante para desarrollar la Teoría de la Relatividad. La pregunta que Einstein se formuló fue: Si la energía se transforma, ¿cómo lo hace? Pues bien, supongo que la respuesta estuvo muy cerca a esto: Todo cuerpo emite energía cuando está en movimiento, es decir, ejerciendo una fuerza, o cuando produce calor por la fricción con otro cuerpo, cualquiera de las dos experiencias son manifestaciones de energía. Entonces, cuando esto ocurre se conforma un grupo o paquete de energía llamados Cuantos que se mueve de un lado a otro. Esa observación le permitió empezar a hablar del movimiento ondulatorio de la luz. Einstein proyectó un rayo de luz sobre una placa, y esa placa liberó un electrón, produciendo movimiento. Movimiento al que llamó Fotón. Ese resultado lo consignó en un ensayo que dio vigor a la idea de cómo la existencia de una fuerza mayor sobre un objeto produce un movimiento, y lo bautizó Efecto Fotoeléctrico. Una vez definido, afirma que los mismos elementos que existen a nivel atómico existen a nivel macro porque estamos hechos de una misma sustancia, por eso en lo macro el movimiento atómico de los electrones es equivalente al movimiento planetario en el espacio, todo es un engranaje. Certeza que da pie a estudiar el cosmos partiendo del átomo como constituyente esencial de todos los cuerpos.

He ahí la real maravilla de haber hallado el átomo y sus componentes, porque antes de ese descubrimiento para saber sobre el universo se escrutaba el exterior, pero después de concretar la existencia atómica se invierte la forma de hacerlo, el interior de los cuerpos proporciona pistas para descubrir nuevos datos sobre el universo. Ese fue el comienzo de muchos hallazgos futuros.

Ahora podrán observar porque era esencial situarnos frente a algunos descubrimientos físicos precedentes a la incursión del átomo, para poder abordar el tema que aquí nos ocupa, la física cuántica. Ya que su composición está dada por los fenómenos de la naturaleza desde el horizonte ondulatorio de la luz, y al saberlo inequívocamente nos conducimos a la relatividad y a Einstein. Entonces, si partimos de que todo cuerpo debe tener una masa que al moverse provoca un movimiento acelerante de la energía que contiene...

— Un momento señora Lotenz, pero entonces, ¿por qué dicen que no es igual moverse en todas partes de la tierra? Algunas personas aseguran que su desempeño cambia dependiendo del clima y la altura, y eso para no hablar de la diferencia que hay en el movimiento en la tierra y el espacio.

— Porque la gravedad hace aún más relativo el tiempo y el espacio.

— ¿Cómo así?

— Vamos para allá, ten calma. No querrás una explicación confusa. Recuerdas que hace unos minutos les hablé de las preguntas que él solía formularse, pues bien, a muy corta edad Einstein se interrogó por ¿cómo sería viajar en un rayo de luz? Y muchos años después pudo argüir lo siguiente: Si todo cuerpo tiene movimiento y fuerza, tiene energía; y gracias a ella nos desplazamos, pero si lo intentamos a la velocidad de la luz no podremos hacerlo con la misma masa. Luego recordó que durante el siglo XIX el éter fue un elemento muy importante en la física, era un supuesto fluido invisible que llenaba el espacio vacío y por tanto debía ser el soporte de navegación de las ondas de la luz. A partir de eso, Einstein pensó: si la luz viaja en ondas, se debe transportar en alguna sustancia como las ondas en el agua. Para comprobarlo, se hicieron experimentos que llevarían a constatar las diferentes velocidades lumínicas a través del éter, pero los resultados no condujeron a diferencias, siempre se mantuvo constante. El hecho de que la luz se mantuviera invariable lo llevó a asegurar, "el éter no existe, la invariabilidad de la luz es una excepción a todas las leyes del movimiento aquí en la tierra. ¡Es constante!".

Aunque no sabía cómo comprobarlo, la física del siglo anterior empezó a cojear, y un dato como ese se constituyó en una ayuda fundamental para seguir cavilando nuevas cosas: ¿el tiempo acaso se mantendrá igual?, ¿en qué viaja? Hasta entonces se pensaba que el tiempo era absoluto –cuando la señora Lotenz pronunció aquel término, Martínez y Don Eugenio ladearon la cabeza y fruncieron el ceño. Ella hizo una pausa y explicó de inmediato–. Recuerden que Flew Flew ya nos refirió ese concepto cuando habló de la explicación que sobre Dios dieron algunos filósofos. Es igual, cuando menciono el absoluto, me refiero a una pieza completamente independiente, que no necesita relación, restricción, ni asociación con nada para existir. Sin embargo, Einstein no pensó lo mismo, el dedujo lo siguiente, "el tiempo fluye a un ritmo diferente según el movimiento, entonces el tiempo es relativo, fluye para cada uno", y este pensamiento se constituyó en el secreto de la relatividad.

Luego de obtener esa revelación llegó inevitable la siguiente pregunta, ¿qué tiene que ver la luz con el tiempo? Después de pensarlo mucho una tarde invitó a pasear a su entrañable amigo Michele Besso. Estaba confundido en sus pensamientos. Pero, la increíble disposición de su amigo de juventud para escucharlo le permitió aclarar la mente. Einstein le platicó sobre su confusión, y las posibles explicaciones que pretendía formular, y cuando terminó pudo comprenderlo todo. Unos días más tarde apareció en *Anales de la Física*, por ese entonces el principal periódico de física en Alemania, un artículo llamado *Sobre la electrodinámica de los cuerpos en movimiento*, sin notas de pie de página, eso sí, no faltaron los agradecimientos a su amigo Besso. Lo importante del contenido del artículo fue: A la velocidad de la luz la distancia se encoge a cero, y el tiempo permanece quieto.

Todo esto se resume en algo aparentemente fácil de repetir, pero un tanto complejo de entender, Energía es igual a la masa por la velocidad de la luz al cuadrado: $E=mc^2$. Cuando uno se dirige a una cita, la percepción del tiempo es diferente para el que espera, el tiempo pasa lento; y para quien va a su encuentro, el tiempo no corre a la misma velocidad. O en cambio, si quien espera se encuentra distraído leyendo un texto que le resulta sumamente interesante y quien acude a su encuentro va tarde en medio de una multitud que le impide avanzar, el tiempo se materializa para ambos como una sensación diferente. Uno, lo vivencia fugazmente, y el otro lo experimenta cada minuto, lo ve pasar. A eso se debe que el tiempo se vuelva relativo según el movimiento que ejerce quien lo percibe. Imagínense si uno va a la velocidad de la luz, no tiene tiempo de percibir el tiempo y la distancia se reduce al punto de no experimentarla tampoco. ¡En eso consiste la teoría especial de la relatividad!

Sorpresivamente, descolgó los brazos haciendo un alto para respirar, miró a su alrededor y notó que una vez más había copado todo el espacio cercano con letras, figuras y fórmulas, a su alrededor no se veía más que trazos color púrpura. Los tres se miraron cándidamente, les resultaba increíble que la señora Lotenz lanzara toda esta información sin parpadear, sin un asomo de duda siquiera. Al sentirse descubiertos en el cruce de miradas, cambiaron de inmediato el gesto; y ella continuó tan tranquila como si hablara de una nueva receta de cocina por ensayar, porque en su interior sabía que la explicación había sido perfecta.

— ¿Y eso lo entendió así nada más? –Martínez no pudo contenerse.

— ¿Quién, yo o el genio? –al notar la mirada de sorpresa que le lanzó Martínez, la señora Lotenz no pudo guardar su sonrisa pícara–. Es una broma, reconoció. Mira, durante toda su vida Einstein afinó pequeños detalles y duró cinco semanas analizando la última fase para clarificarlo. Nos lo dejó fácil, ¿tú crees que deba darle más vueltas al asunto? Te voy a dar otro ejemplo. ¿Qué pasa cuando uno espera una llamada? Lo mismo que acabo de explicar. Para quien está sentado al lado del teléfono midiendo con su vista la tardanza del segundero en su recorrido milimétrico a través de la longitud del reloj, es muy diferente la percepción del tiempo en comparación con quien a lo largo del día en medio de sus labores piensa en hacer esa llamada. Por eso reza el dicho popular "cuando uno espera es como si el tiempo no pasara", o "quien espera desespera", porque se es consciente del tiempo, del pasar de cada instante, aunque a la velocidad de la luz eso cambia por completo. Es algo muy sencillo y más obvio de lo que pensamos, ¿no les parece? Claro, no fue tan fácil llegar a definirlo tan sencillo como ahora suena. Cuando a Einstein le preguntaron qué habría pasado si al momento de comprobar la teoría no resultara cierto, se limitó a aseverar: La relatividad era algo muy hermoso para no ser cierto.

En medio del largo silencio que atronó por todo el jardín, ella deslizó una pregunta con voz tenue: ¿Todo claro hasta ahora? Y acto seguido pidió al señor Martínez traer moras y algunas hierbas, para tomar una aromática de hierbas silvestres. Mientras él volvía aprovechó para borrar lo que había escrito, aquellas notas escritas a una velocidad vertiginosa en el aire, impedían verse uno al otro. Lo único que lograban percibir detrás de números, iniciales, abreviaturas y diagramas eran los movimientos fugaces de los animales que recorrían el lugar.

— Casi no vuelves, el agua se está secando.

— Intenté hacerlo rápido, pero los colores y las formas de este jardín no me permitieron reconocer con facilidad las moras y cuando las descubrí, sus espinas hicieron lo suyo.

— Acabas de vivenciar la relatividad del tiempo –intervino Lotenz.

Don Eugenio ladró dos veces en signo de rotunda aprobación y luego refregó su hocico con la pata delantera. Después de escucharla, lo vuelvo a ver, no podría haberme equivocado tanto, pero era de esperarse una pregunta como la que formuló Martínez. Los adultos no nos preguntamos por lo más natural, le damos mayor importancia a lo que parece complicado y en cambio dejamos de lado lo sencillo porque lo damos por hecho, por entendido; y la mayoría de las cosas más sencillas no se deben dar como sobreentendidas, el hecho de que alguien ya nos haya dado la respuesta, no significa que lo comprendemos, casi siempre nos limitamos a asentir o lo que es peor, a repetir, y esa actitud nos impide conocer con claridad.

Por fin, ella se acercó a la lata secreta de galletas que durante mucho rato todos habían rondado, pero nadie se atrevió a tocar; entre otras razones porque Antrux siempre estuvo atento, y por el bien estar de todos, era mejor dejar esa lata en su lugar. Al degustarlas comprobaron que catar las galletas especiales de Lotenz era fundamental para cualquier paladar, entendieron el porqué de aquel deseo suscitado cada vez que sus miradas se cruzaban con ellas. Viendo el gesto que despedían sus caras en cada mordisco, deduje que yo habría sido un amigo muy asiduo a la hora del té para degustar en mi boca ese placer. Cuando la infusión produjo una sensación tibia en sus cuerpos centímetro a centímetro, la señora Lotenz continuó.

— ¿Tienen idea de qué es una teoría? –la cabellera de los tres en la mesa se movió de lado a lado tratando de encontrar con la mirada una posible respuesta en el otro, y cuando Flew intentó abrir sus labios, Martínez y Antrux contestaron a una voz y un ladrido: No.

Hay diferentes acercamientos a su significado, trataré de bordear algunas opiniones. Karl Popper (1902-1994), un filósofo austriaco dice que una buena teoría se caracteriza por predecir un número de resultados refutables o susceptibles de invalidarse por la observación. Y Stephen Hawking (1942), un importante físico del siglo XX, asegura algo similar, dice que cualquier teoría física es siempre provisional, los experimentos pueden dar los mismos resultados ene cantidad de veces, pero siempre existe la posibilidad de que en alguna ocasión un resultado diferente termine por contradecirla. Allí radica el incesante esfuerzo de tantos científicos siglo tras siglo por alcanzar el objetivo último de la ciencia, encontrar los elementos conductores de una teoría que divise la descripción más atinada del universo. Esa es una de las incertidumbres que produce cada nuevo descubrimiento, tácitamente nos conduce al inevitable interrogante: ¿qué de ello hará tambalear las certezas conquistadas? Y si llega a suceder, aparecerán preguntas como: Pero, qué pasó si todo parecía tan claro. ¿hay acaso desde el inicio unas leyes que todavía no conocemos, y este descubrimiento es una pequeñísima parte del rompecabezas?, etc. Siempre que algo así acontece, significa que el científico en turno surcará sentimientos encontrados, amargas horas y felices sobresaltos hasta entender, porque hallar una teoría deviene de los infinitos momentos de observación, ¡no es más que eso!

¡Señores! –con su melena roja al viento y el lápiz entre sus dedos nerviosos, dijo– no puedo dejar pasar esta ocasión, creo que mi obligación es insistir en la idea de que la ciencia también incluye la belleza. De los mayores aciertos que atesoró Einstein fue creer en la certeza de que después de largos años de búsqueda, al descubrir algo sobre la belleza de este misterioso universo, un hombre no debería ser personalmente celebrado por ello, porque ya está suficientemente recompensado en sí mismo por su experiencia de buscar y encontrar, y su deber ser ya no se limita al espacio-tiempo del lugar donde se encuentra, sino que queda exento de cualquier forma de movimiento o fuerza externa. De cosas tan simples como esa, se eleva la fantasía a una realidad.

Mis investigaciones se movieron entre dos extremos, dos teorías inconsistentes entre sí, no podían ser correctas a la vez. La relatividad general, en ella mi dedicación se centró en aquellos elementos inasibles dentro de la amplitud del universo, y el otro aspecto de importancia en mi trabajo fue la inversión de concepciones gigantescas, a una escala casi imperceptible a partir de la mecánica cuántica. Más adelante traté de liar las dos, uniendo la teoría newtoniana de la gravitación con la teoría del campo electromagnético de Maxwell sin obtener un resultado satisfactorio. Después de infinidad de vapores etéricos en mi mente, apareció como un espejismo la teoría del campo unificado, proporcionando una profunda interpretación al respecto del ordenamiento interno del universo al cual se refirió la señora Lotenz, pero de eso podemos hablar más adelante, por ahora sigamos el orden que traía su fina dilucidación.

— Inquietud, incredulidad, desazón y algo de admiración restringida, produjo la teoría de la relatividad. Al publicarse la teoría especial de la relatividad (1905) sus colegas se silenciaron, no era un tema para opinar con ligereza. La teoría especial hablaba sobre el espacio y el tiempo, y hacia 1908 comenzó a revisar las leyes de la gravedad en la teoría general y logró perfeccionarla hacia 1915. Y el punto era un pequeño cambio de difícil discusión por hallarse muy acendrado en los estudios físicos desde Newton. En ella afirmaba: la gravedad no es una fuerza sino una curvatura en el espacio creada por un cuerpo al moverse. Einstein concluyó que, al pasar próxima al sol, la luz de las estrellas se desvía un ángulo aproximado de un segundo y tres cuartos de arco, mientras Newton sólo consideró la mitad de ese cálculo.

¡No me miren así! Sé perfectamente que tan difícil resulta la asimilación y adopción de conceptos de esta magnitud. En su momento las revistas físicas, culturales y de entretenimiento se valieron de toda suerte de razonamientos que pudieran clarificar el asunto. Los intentos por explicar y por entender esa nueva visión de un universo lejano y a la vez cercano produjeron ingeniosas formas de exponer la similitud entre la teoría einsteniana y la dinámica del universo. Una revista inglesa publicó una historieta en que dos policías perseguían a un ladrón de bancos, y lo capturaron gracias a una linterna cuya luz doblaba la esquina de tal manera que podía alcanzar a iluminar el sitio donde se escondía el ladrón. Explicaciones de talante muy similar se suscitaron a granel y de a pocos lograron mayor cercanía a la comprensión sobre la teoría de la relatividad. Con estos ejercicios explicativos llenos de humor, transformaron las nociones de distancia y duración, y concluyeron cambios notorios en la concepción de la física.

Al respecto se produjeron valiosas opiniones. Minkowski, quien fue mi profesor, estimó que, a partir del surgimiento de la relatividad, el espacio y el tiempo en sí mismos debían descender a la sombra para que la unión de ambos conceptos empezara a conservar la independencia. Esa fue una indicación acertada por parte del profesor Minkowski, porque como dijo antes mi señora Lotenz no hay tiempo ni espacio absoluto. El tiempo es la medida del movimiento de los objetos en el espacio. Un cuerpo en movimiento no es fácil de hallar sin tener todas las coordenadas, me refiero a la bidimensionalidad. Por eso, el movimiento en el plano lo observamos mejor en el plano cartesiano; y la tridimensionalidad se constituye de: longitud, anchura, altura. En cambio, la cuadridimensionalidad conserva las tres anteriores: longitud, ancho, alto, y una coordenada más, la de tiempo terrestre. Tres coordenadas de espacio y una de tiempo, esta última nos permite abordar el continuum, es decir dirigirnos casi de inmediato hacia otro suceso. A partir de entonces, comenzó a ser forzoso utilizar en las ecuaciones las tres coordenadas espaciales que ya conocemos, además de la temporal, absolutamente necesaria en la interpretación de sucesos en nuestra temporalidad, porque a partir de la universal y la relativa, equivalente al movimiento del observador, se determinan la distancia del espacio y el tiempo como uno. En ese caso lo más correcto sería afirmar que las estrellas no están arriba, están alrededor.

¡Ah, tantas cosas se dijeron!... Sea este preciso momento para aclarar que la importancia de la relatividad se centra en el valor que le otorga al movimiento, porque a partir de ello cambia nuestro punto de vista. Si en este momento me volvieran a hacer la misma pregunta en torno a porqué el tiempo y el espacio son relativos, me limitaría a responder: porque el tiempo es hermano del espacio, y la savia vital contenida en ambos es el germen de su unión, no de su separación.

En busca de un lugar seguro siempre buscábamos absolutos, mientras hablar y mirar desde el movimiento, nos da una sensibilidad diferente en la observación, no apresa nuestros sentidos en interpretaciones disonantes con relación a las fluctuaciones cósmicas, obstáculo que siempre nos condujo a conformarnos con las medidas y exposiciones mentales aparentemente objetivas, y satisfechos con ese fruto les asignábamos el menudo encargo de disipar la subjetividad del universo, relegando su aplicación a lo sensible de este mundo específico. Por eso nuestras vidas se van volviendo sedentarias, porque siempre buscamos algo que nos aterrice, algo que nos arraigue, algo que nos mantenga, y por supuesto, que no nos conflictúe, en lugar de buscar ese algo que nos identifique como habitantes de un universo en movimiento. Ese reconocimiento fue la mayor razón para registrar la coordenada de tiempo. La relatividad de la luz y su sensor, el movimiento, nos trajeron infinitos secretos que todavía no se terminan de conocer, porque ella expande nuestro espacio de entendimiento. Esa nueva medida se constituyó en un pequeño 'pero' en el prisma del conocimiento por desarrollar.

— Apenas puedo imaginar cómo se habrá recibido una información de ese calibre en la época, empezando el siglo XX, días llenos de agitación, como ya lo describió Flew Flew. Alguien comparó a Einstein con Moisés bajando del monte Sinaí con las tablas de la ley que comenzarían a regir el conocimiento sobre el universo. Después de todo el alboroto inicial generado por la publicación de la teoría de la relatividad, hacia 1918 varias expediciones británicas trataron de comprobarla a la luz de las estrellas, una bizarra iniciativa en tiempos guerreristas. Resultó que, como era de esperarse, aparecieron contradictores que la consideraron una tarea insulsa frente a las faenas de la ocupación territorial y los afanes bélicos tan apremiantes en ese periodo. Sus opiniones terminaron por impedir el noble propósito que inspiró a los estudiosos británicos, incluso apresaron a los científicos que insistieron en llevar a cabo la investigación. Y el mundo tuvo que esperar hasta finales de 1919 para saber si la nueva teoría tenía tanto sentido como parecía. Unos días después de dar fin a la investigación, el globo entero escuchó la noticia: ¡Tenía sentido! Einstein y la relatividad serían parte de todas las generaciones que sobrevivieran a la guerra.

Una afirmación como esta resulta imposible dejarla pasar, los tres se quedaron ensimismados, aunque no resultó difícil adivinar los pensamientos que en cada uno suscitó esa imagen aludida por Lotenz; la mirada, los gestos, los suspiros, que se dibujaban en sus rostros, permitían conjeturar las imágenes que surcaban sus mentes.

— De todo esto, lo increíble es que este hombre en su tiempo libre escribió veintiuna páginas como tesis doctoral, *Una nueva determinación de la molécula*, al lado de treinta páginas *La dinámica de los cuerpos móviles* y ¡puf!, teníamos entre nuestras manos un gran giro sobre la concepción de nuestro universo propio y lejano. No escribió más de cien páginas sobre el tema a lo largo de su vida, y eso fue suficiente para tocarnos a todos desde nuestra molécula más recóndita. Tampoco podemos dejar de reconocer que en buena parte el avance tecnológico actual, sobre todo en cuanto a telecomunicaciones se refiere, tanto como los últimos descubrimientos físicos que guían la comprensión de nuestro entorno, para bien o para mal, se los debemos a este hombre sencillo y de corazón humilde que un día nos dijo que al hacer cualquier movimiento existe una materia expeliendo energía, y eso depende de un sujeto atado al espacio-tiempo del universo.

Pese a la simplicidad que contenían mis nuevas teorías físicas, florecieron muchos adjetivos adversos y pocos admiradores. Kleiner, dijo que no era de extrañar que nadie asistiera a mis conferencias porque no enseñaba nada, y en cambio me limitaba a charlar sobre ciertos asuntos particulares exclusivos de mi interés e incluso cometía errores que me corregía al instante. Aunque a opiniones como esas no concedí mayor importancia, sí me disgustó que a la teoría de la relatividad la pusieran bajo la lente, sujeta a las típicas mediciones de aquella época, pintarrajeada con un tinte político y racista. Ante esa situación me vi obligado a empezar una absorbente y agotadora cadena de viajes para desdecir esas interpretaciones sosas y malintencionadas. Recorrí un número infinito de kilómetros, y pese a mi situación privilegiada en aquel momento, por gusto preferí hacerlo en el vagón de tercera clase porque allí se puede pensar con mayor libertad. Traté de esclarecer con todos mis ímpetus mi teoría en cuanto escenario del mundo se me permitió, siempre con mi violín bajo el brazo, interpretarlo me ayudó a liberar las congojas que me aquejaron. En una que otra oportunidad frente a cientos de personas que habían comprado su localidad con antelación para escuchar las explicaciones en torno a mi nueva concepción del universo, traída de los cabellos para la mayoría, guardé mis notas y me dediqué a tocar el violín ante la multitud, volcando a mi antojo el tiempo destinado en principio a un espectáculo teórico, se convirtieron en veladas de una calidez asombrosa.

La fórmula de la energía, $E=mc^2$ y mi violín, se encargaron de socorrer mi existencia durante el ajetreo de esas largas temporadas en que rodé por aquellos perturbados caminos terrestres. Un tiempo en que pude averiguar y además cerciorarme por experiencia propia con cuánta energía contaba, y comprobar que cada grano de materia tiene una enorme cantidad de energía; por fortuna, asegurarme de eso me impidió vivir lo que le sucedió a aquel hombre inmensamente acaudalado y a la vez espantosamente tacaño, que por evitar a toda costa gastar dinero, nunca pudo saber a ciencia cierta qué tan millonario era.

— Señor Martínez, es hora de volver a la pregunta que me hizo antes al respecto del movimiento –retomó Lotenz mientras destapaba uno de los dulces que minutos antes con algo de torpeza envolvieron sus acompañantes–, ¿por qué no podemos movernos igual en todas partes? Mire, el espacio que hay en la tierra entre dos puntos está determinado por el tiempo, a mayor distancia mayor tiempo siempre mediado por la velocidad. En el espacio las distancias se miden en años luz, equivalentes a la distancia que recorre la luz durante un año, pero allí debemos tener en cuenta que el microcosmos se mueve a una velocidad semejante a la de la luz, por eso tenemos que hacer la multiplicación correspondiente a la velocidad de la luz terrestre y espacial, aunque el resultado numérico en la práctica sea incomprensible. Entre más rápido es un movimiento, el paso del tiempo en el reloj es más lento. Es decir, se utiliza menos tiempo terrestre de ese tiempo que acompaña a la velocidad de la luz, tomando una masa proporcional a la velocidad; por eso al pretender alcanzar la velocidad de la luz, nuestra masa debe cambiar, a mayor velocidad mayor masa. Por lo tanto, para saber con cuanta energía podemos aproximarnos a la velocidad de la luz, debemos determinar la masa y multiplicarla por el cuadrado de la velocidad.

— ¿Dígame una cosa, no cree que sería necesario precisar un poco más las fechas relacionadas a los conceptos explicados por usted? Trato de evitar la incorrecta ubicación cronológica de su historia –dijo Martínez–, sobre todo porque eso me confunde un poco.

— ¡Ay, Martínez, Martínez!, ¿cómo explicárselo?

¿Acaso no me ha escuchado decir en repetidas ocasiones a lo largo de la tarde que ¡el ti-em-po y -el- es-pa-cio son- re-la-ti-vos!, dependiendo de la materia en movimiento? Además, es fundamental entender lo dicho por el mismísimo Alberto, "la imaginación es más importante que el conocimiento", si de entendernos se trata.

Y, aun así, la real incógnita debería ser si algo en nosotros cambió después de oír sobre la relatividad. Y a eso es imposible responder a nombre de los demás, eso lo tendría que contestar cada persona. En el caso de su autor el cosmos se lo hizo sentir desde el mismo momento en que nació judío en una época donde serlo significó una experiencia ejemplar para el futuro de los habitantes de la tierra, se lo sopló al oído como todas las aportaciones que el universo hace al hombre, y querámoslo o no, la relatividad terminó siendo la inspiración para los enfoques que suscitaron acontecimientos y descubrimientos posteriores durante el resto del siglo XX, además ella consiguió renovar puntos de vista acerca de todo lo relacionado con la concepción vital de los seres humanos.

Hasta Antrux se llevó la pata a la frente al escuchar aquella queja. Casi lo desnudó el exacerbado recelo que en todos despertó su duda, pero unos segundos después no hubo quien refutara la contundencia de las palabras de nuestra buena señora Lotenz, y dicho sea de paso, las mías. Un prolongado bostezo de Antrux los trajo de nuevo a la cabaña, ya no hubo sorpresas por la transportación a esta realidad, el can se dirigió a su canasta. Felipe miró a su abuela con el mismo asombro que por varias horas lo ató a sus palabras. "Agüe, no tenía idea que sabías tanto de física", y camino a la cama se despidió con la mano en alto y los ojos cansados, susurrando entre dientes: bueno, "tal vez sólo fue un 'pero' en el prisma de tú conocimiento".

Perfecta descripción la del muchacho, porque desde el momento en que Lotenz tomó la palabra, con una sorprendente comprensión sobre el tema y algunos ejemplos simples nos explicó con soltura de qué se trata la relatividad, y satisfizo a todos con sus respuestas. Quién lo diría, pero en efecto, Anaagüe fue la primera en entenderlo, lo sabía desde la tarde en que Felipe escuchó a su abuela dando alaridos en la sala de la cabaña. En efecto, había entendido que: ¡Todo contiene todo!

Capítulo 5.
Un resultado gnoseológico narrativo

Este fragmento capitular contiene la cavilación final sobre la propuesta metodológica. Los tres tiempos textuales consecutivos que soporta su sistematización formal y de lenguaje —estructural, conceptual y experiencial—, ratifican en la práctica el fin último, ya no de la ENC sino de la Investigación Narrativa de Creación, INC; hablo del pensamiento transdisciplinarizado a modo de manufactura constante dentro de la ficcionalización investigativa, otra forma de conocer entre lo instrumental y lo creativo. El gozne requerido para adecuar el tejido profundo de la acción narrativa, el gran apoyo en la relación interdisciplinar que entrelaza potencial, aleatoria y factualmente la novedad del conocimiento investigado resuelta en un trabajo académico.

Bien dice Kuhn (2004), "Si se considera a la historia [y a las historias] como algo más que un depósito de anécdotas o cronología puede producir una transformación decisiva de la imagen que tenemos actualmente de la ciencia" (p. 20), tanto como de la realidad para poder trascender las áreas disciplinares y acceder a algo tan interesante como las cuestiones transcientíficas o transepistémicas (Weinberg, 1972); productoras de una opción más interesante, la infradeterminación. De ahí que relacionar los Estudios Literarios y la Complejidad dos perspectivas de análisis dentro un todo orgánico con mayor sistematicidad, que dan forma a *La palabra-imagen* como respaldo de la INC, porque "la complejidad como método de pensamiento", indica Carlos Maldonado, facilita la permeabilidad entre diferentes disciplinas y una forma más amplia de comprensión.

5. LA INC COMO EPISTEME DE TIEMPOS

Con la esperanza de poner fin al sentimiento de muchos académicos frente a la dificultad de cambiar o probar otras formas para difundir el conocimiento, estas páginas en las cuales se advierte desde el comienzo la relatividad de lo complejo al narrar la realidad, asumen en una historia narrativa una parte del transcurrir histórico y científico del último siglo, y aparece como un paralelismo comprensivo equivalente a la episteme circunvalar del tiempo que narra, a partir de la explanación que escuchamos en boca de la señora Lotenz sobre el hallazgo hecho por Einstein. Explicación que no sólo aporta una elucidación física sobre la relatividad como uno de los temas que más ocupa a la complejidad dentro del sintagma temporal, sino que obtuvimos otro ejemplo (como se ha hecho en cada capítulo), de una lectura de la realidad, pilar de *La palabra-imagen*; y pudimos notar cómo la lectura epistemológica de los tiempos se vuelve subsidiaria y equidistante.

> Un mundo le es dado al hombre; su gloria no es soportar o despreciar este mundo, sino enriquecerlo construyendo otros universos. ... crea así el mundo de los artefactos y el mundo de la cultura. ... Sin embargo, la ciencia se nos aparece como la más deslumbrante y asombrosa de las estrellas de la cultura cuando la consideramos como un bien por sí mismo, esto es, como un sistema de ideas establecidas provisionalmente (conocimiento científico), y como una actividad productora de nuevas ideas (investigación científica). (Bunge, 1989, p. 1).

Las palabras de Bunge me recuerdan que aunque lejos de pretender igualar mi propuesta sobre la INC a una forma de observación científica, pienso que se aproxima a un talante de ella, en el sentido en que se fundamenta en la interrogación del constructo social denominado Realidad desde dispositivos científico-académicos que subyacen en los estudios modernos. En el caso específico de *La palabra-imagen,* dichos dispositivos determinan la inserción de aspectos válidos y valiosos para la lectura crítica, haciendo uso de presupuestos analíticos que el individuo constata en su ámbito cultural, a través del análisis subjetivo dentro de una pieza narrativa, pues según Sotolongo (2006) "... las observaciones afectan a lo observado" (p. 39), allí donde surgen los saberes estéticos o científicos según la coyuntura.

Ahora, si se entiende la Ciencia según las aprehensiones que cada cual tiene sobre ella, podría verse según la define Bunge (1969), como un conocimiento positivo al que se suma un método. Otros como Popper, Kuhn, Lakatos, Feyerabend proveen numerosos puntos entre acuerdos y desacuerdos; aun así, exponen como rasgo común, la idea de que las teorías científicas son como los icebergs, la mayor porción de su estructura no es visible, y aquella que sí es visible sin ser la porción más significativa sigue siendo igualmente necesaria para el desarrollo de su faz científica, ya que factualmente es lo observable. Eso mismo sucede con *La palabra-imagen*, lo observable es la narración creada; pero su articulación de la metodología que cada narrador logra es el verdadero resultado, producto real de la aplicación comprensiva de su componente científico.

Una explicación en apariencia difusa para exponer la visión científica inmersa en *La palabra-imagen*, aunque no muy lejana del juicio inicial que se impuso a la complejidad, como confusa o complicada; tampoco se aleja mucho de la evolución histórica que a lo largo de los tiempos sufrieron las significaciones otorgadas a las herramientas con las cuales trabaja la metodología de *La palabra-imagen*. Un ejemplo de ello podría ser la evolución de las primeras, comprensiones y prácticas que recibió la Literatura, ligadas a la imitación. Durante la antigüedad se le sugirió, es más, se le atribuyó una función mimética frente a la realidad. Luego, durante el largo periodo de tiempo comprendido por la Edad Media, su función subsidió el espacio pedagógico –religioso y doctrinal–, y las interpretaciones sobre los textos literarios, apuntaron a ese fin. Más adelante, durante el siglo XVII se replanteó su función de mímesis, y sus productos se justificaron como un resultado de la belleza centrado en el lenguaje literario. Y sólo después del siglo XVIII se desarrollaron tres aspectos que cambiaron la forma de observar su producción; primero, el gusto y la sensibilidad; segundo, la especialización de los trabajos imaginativos; y tercero, la concepción de una literatura nacional. Ya a mediados del siglo XIX y principios del siglo XX se priorizó la necesidad de una interpretación sobre el mundo, entonces se confirió relevancia tanto al artista como al estudioso, y se erigieron recíprocas por un lado la crítica y por otro la experimentación formal.

Dos ejemplos vienen a colación. Por un lado, V. Propp explica que, en el momento de separación de una historia y su carácter ritual, se profana el texto sagrado, pero en ese mismo instante surgen los relatos artísticos, en tanto las personas distantes al contexto que dio origen a esta historia se permiten dar un giro a la interpretación de esos primeros textos, dando cabida mayoritariamente al carácter narrativo de la historia, el germen de lo que él bautiza como cuento maravilloso. El sincretismo inicial que confiere el ritual originario se presenta como parte de su prehistoria; y esta secuencia comprensiva producida por un intérprete de la realidad narrativa, resulta ser una explicación del devenir comprensivo de ese relato, y a la vez el umbral de la enorme cantidad de teorías que renovaron el estudio sobre las narraciones. Por otro lado, décadas después, Vladimir Nabokob (1999) toca un tema que aquí nos interesa, su noción de la realidad, y asegura que la realidad es un asunto tan subjetivo que resulta inexpugnable en toda su amplitud porque se define a través de una infinita sucesión de pasos para indagar en ella. Estos son apenas unos ejemplos de las múltiples interpretaciones que se encuentran en torno al tema, cada estudioso brinda una visión de análisis según el paradigma del que se sirve durante la circunstancia o época en que lo expresa.

Entonces, si el trabajo de la ciencia es visibilizar un descubrimiento a través de mecanismos que articulan un procedimiento científico radicado en la investigación y la deducción, en lo concerniente a este libro, el procedimiento metodológico de *La palabra-imagen* equivaldría a lo que García (2005) llama producto científico; pues corresponde a la puesta en marcha de una herramienta intelectual responsable de ese producto que mueve un "método científico", y que para el caso acciona categorías conceptuales que fungen como absolutos momentáneos para analizar e interpretar la realidad, porque no se trata de la lectura de la realidad como capacidad objetiva, sino de su dualidad subjetiva que del ejercicio científico emana.

De ahí que, en la INC la objetividad sobre la realidad depende de la narración individual y de su verdad interna, de su verosimilitud. Por eso, la tarea que propone *La palabra-imagen* es hacer del individuo un lector cómplice de la realidad para que, a partir del ejercicio lector sobre ella, según el enfoque por el cual se decida como narrador, se convierta en la clave de uno u otro punto de vista expuesto por ese enfoque particular, y dicho sea de paso, se puedan articular un sinnúmero de posiciones posibles al respecto; dependiendo de la perspectiva y el enfoque de quien la remite o de quien la justifica (Angarita, 2013). Además, el devenir analítico, venga de donde venga, demanda el registro de diferentes puntos de vista, de experiencias y enfoques individuales que inscriben miradas particulares sobre la realidad en las cuales el investigador cifró su interés inicial.

De acuerdo con Popper (2008), dentro de la evolución de la ciencia, las teorías resisten un tiempo, no porque sean verdaderas, sino porque por selección natural, las mejor adaptadas al estado contemporáneo de los conocimientos prevalecen. Por eso cobra importancia apartarse de la creencia de que la teoría refleja lo real, pues apenas corresponde a una observación expresa, su trabajo es traducir lo real a través de propuestas o tipos analíticos que con el tiempo sus intérpretes se encargarán de cambiar.

En tanto eso, la visión disciplinar sobre la ciencia como una forma de conciencia reflexiva sobre el mundo se hermana con la interacción que ofrece la literatura, pues ella se nutre de una cosmovisión sincrética en la cual lo mental y lo creativo alimenta el trabajo temático en la escritura. En *La palabra-imagen* sus componentes parten del estudio sobre aspectos de la tradición cultural, que el tratamiento académico vuelca en ciencia a través de explicaciones disciplinares especializadas, una suerte de traducción –en concepción y lenguaje–, intervenida por los Estudios Literarios, pues tal como nos recuerda Delgado, la cultura se mantiene por generación y regeneración, pero al no ser innata y por tanto cambiante, depende de la distancia evolutiva del pensamiento del individuo plural que adiciona la complejidad individual y la complejidad social, designada por la Noosfera (Morin, 1999), es decir, "... las entidades producidas y alimentadas por las mentes humanas" en un mundo en movimiento que va de "... los fantasmas a los símbolos, de los ritos a las ideas, de las figuraciones estéticas a los seres matemáticos, de las asociaciones políticas a las concatenaciones lógicas", convirtiéndose en la fuente de nuestras historias.

Literatura, religión o estadística son algunas morfologías alternativas de conmutar razonamientos que comunican sus formatos para conocer, procedimientos paralelos para entender e interpretar los hechos, pues al presentarlos desde su lenguaje instrumental dentro de un mundo racional, cobran para muchos un claro sentido de realidad. Por eso, me resulta importante reiterar que mi intención no es propender a la producción de ciencia disciplinar, mediante *La palabra-imagen*, pero sí aspiro a patrocinar y a escudriñar en mayor o en menor medida con la mediación que procuran sus herramientas, una ruptura epistémica y el reconocimiento cultural que la realidad nos trae.

Al llegar a este punto, recordé a Aleyda Gutiérrez (2008) quien afirma que: "Si bien es cierto que muchos escritores han mencionado el trabajo, la disciplina, el laborioso cuidado del escritor con el lenguaje, los años de escritura, corrección, reescritura, ...continuamos pensando en la escritura de obras literarias como algo ajeno a la academia ..." (p. 86), y a su vez descartamos el laborioso trabajo que realiza el académico con su escritura, el cual en pocas ocasiones se permite relacionarse con la escritura narrativa y/o literaria.

5.1. Conexiones transdisciplinares

Suficiente con dar un vistazo al trayecto anterior para ver cómo la especialización de los campos de conocimiento recorrió una senda afanosa pero no por eso menos demorada, obligándose a curvar su superficie para reconocer la necesidad de interactuar entre disciplinas. Como resultado de tal correlación, el conocimiento transdisciplinarizó un camino de apertura y su espectro deambuló entre las disciplinas hasta tornarse en la nueva alternativa sintáctica y hasta semántica para su adquisición y transmisión en universos lejanos y cercanos.

No obstante, es importante comprender que la producción de saberes alternos y puntuales, con sus leyes en apariencia irrefutables procede de la adecuación interpretativa de un contexto; la prueba de eso está en la teoría de la relatividad, que surgió y proveyó las nuevas interpretaciones científicas de manera sintagmática, no sólo paradigmática. Entonces, si la ciencia también parte de la experiencia con la ficción, como afirmé antes, el ejercicio de la ficción es quizás una de las formas de argumentación más incluyente entre la multiplicidad argumentativa existente, ella permite la aparición del punto de vista de quien propone una determinada lectura de la realidad, y en su interior emergen posiciones divergentes a partir de las situaciones y de los personajes, donde unas y otros ratifican las facturas disímiles dentro de la sociedad en la que se inscribe la historia, y a la vez coteja el contexto de la colectividad no ficcionada (Angarita 2013). De acuerdo con esa secuencia resulta difícil obviar un proceder racional, pues en nuestro tiempo hasta la inmortalidad de los hitos de la historia cultural, según Bauman (2003), está sujeta al permanente reciclaje y fraccionamiento; de suyo una novedad de la expresión crítica.

Dicho de otra forma, porqué de suyo *La palabra-imagen* es un sistema complejo, caótico, impredecible, emergente, el cual visibiliza en paralelo un andamiaje de herramientas propias del análisis práctico, resueltas en la narración de una realidad académica para transformar un conocimiento dentro de formas narrativas variopintas, cuya finalidad comunica las habilidades de cada pedagogo-investigador-escritor. En otras palabras, lo que ha rodeado mi relación con la Literatura en torno a pensarla como estudiosa, docente y escritora; una práctica compuesta por isotopías narrativas.

Ese razonamiento ratifica porqué desde el comienzo de este tránsito metodológico en 1999, para declarar mi propuesta narrativa, en términos de escritura académica, era necesaria una explicación intermedia entre la narración de una investigación y la narración literaria. A eso se debe que sea la articulación estructural del relato la encargada de hacer palpable su tejido complejo. En el caso particular de este trabajo, el relato procesual da cuenta de la evolución metaficcional de un narrador en progreso permanente y de cara al lector, dentro del entorno estructural a modo de digresiones no evidentes, de tal forma que esa fragmentariedad creativa interna inspire el intercambio genérico transdisciplinario guiado por la INC, como un ejemplo de la escritura académica-creativa y fuero final del acto investigativo que nunca es lineal.

Según esa disposición, el talante que este documento "habita la articulación/tensión" que sugiere Ripamonti en el cual se insertan variables críticas, creativas y metacríticas para abordar el asunto que ocupa a estas líneas por medio de la narración transdisciplinar. De manera que la intencionalidad narrativa reside en la problemática teórica y la práctica, pues "la investigación narrativa se inscribe en el campo de los actuales desarrollos de la investigación socio-educativa y en la modalidad de las metodologías cualitativas que tienen como objeto indagar, conocer, comprender, analizar prácticas educativas" (p. 90); y su enfoque lo define la recontextualización compleja interna y externa de la realidad que la experiencia aportó "en términos epistemológicos; este abordaje exige habitar la articulación/tensión del marco teórico, el problema y los objetivos de investigación, y entre estos y el desarrollo metodológico" (p. 90), mediante un ejercicio que da cuerpo a una realidad compleja para resolver la actividad investigativa desde el filo abastecido por la narración, resuelto en la Investigación como renovador epistemológico, cuyo vigor autopoiético es la incertidumbre unificada por la escritura sobre la experiencia, y su reinterpretación que a modo de gramática individual produce un resultado dinámico estimulante para el lector, porque más allá de utilizar conceptos, se trata de formular perfiles textuales partícipes de una realidad autoorganizada.

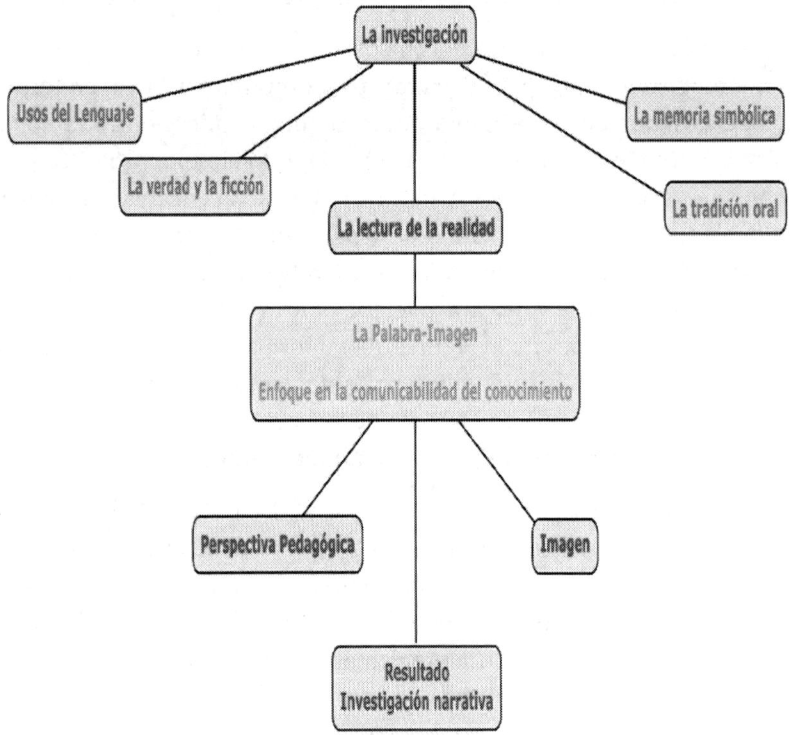

Muy a propósito cabe recordar el recorrido que Capra hace cuando se refiere a los sistemas:

> La constatación de que los sistemas son totalidades integradas que no pueden ser comprendidas desde el análisis fue aún más chocante en física que en biología. Desde Newton, los físicos habían pensado que todos los fenómenos físicos podían ser reducidos a las propiedades de sólidas y concretas partículas materiales. En los años veinte, no obstante, la teoría cuántica les forzó a aceptar el hecho de que los objetos materiales sólidos de la física clásica se disuelven al nivel subatómico en pautas de probabilidades en forma de ondas. Estas pautas o patrones, además, no representan probabilidades de cosas, sino más bien de interconexiones. Las partículas subatómicas carecen de significado como entidades aisladas y sólo pueden ser entendidas como interconexiones o correlaciones entre varios procesos de observación y medición. En otras palabras, las partículas subatómicas no son «cosas» sino interconexiones entre cosas y éstas, a su vez, son interconexiones entre otras cosas y así sucesivamente. (1998, pp. 49-50).

Entonces, una vez se puso en práctica *La palabra-imagen* para articular la narración de este documento, el abastecimiento teórico (diagrama) que dio pie al método de la INC se renovó, rehabilitó su concepción disciplinar inicial, dando paso a una mirada compleja para guiar la propuesta narrativa general. Así mismo, la narrativa resuelta por la idea fractal[1] que estructura este texto y lo dinamiza en cada fragmento como un todo comprensivo, entre las cuales la explicación compleja aparece como una explicación más de la relatividad conceptualizada, y del enfoque estructural narrativo-metodológico, la recurrencia presente en distintas formas de conocer conecta las partes por medio del pensamiento narrativo.

1. Si partimos de que un Fractal es una progresión aritmética que contiene un patrón y se visualiza a través de una figura geométrica, cuando hablo de la ~~tesis~~ desde la metáfora del fractal, me refiero a que en ella está presente una frecuencia discursiva a través de la heteroglosia de tres enfoques discursivos que generan un ritmo interno y se hace visible mediante la reincidencia del patrón que conforma su todo estructural.

Ahora bien, después de haber ingresado en la lógica de la complejidad, y ser consciente de que ella esencialmente transforma los esquemas lógicos recurrentes para el análisis, es dable pensar, según trasluce el siguiente diagrama, que la complejidad permite la dimensión poiética que se asienta en el perfil del paradigma transdisciplinar que conforma a *La palabra-imagen* (lingüística, historia, educación, comunicación, literatura, etc.).

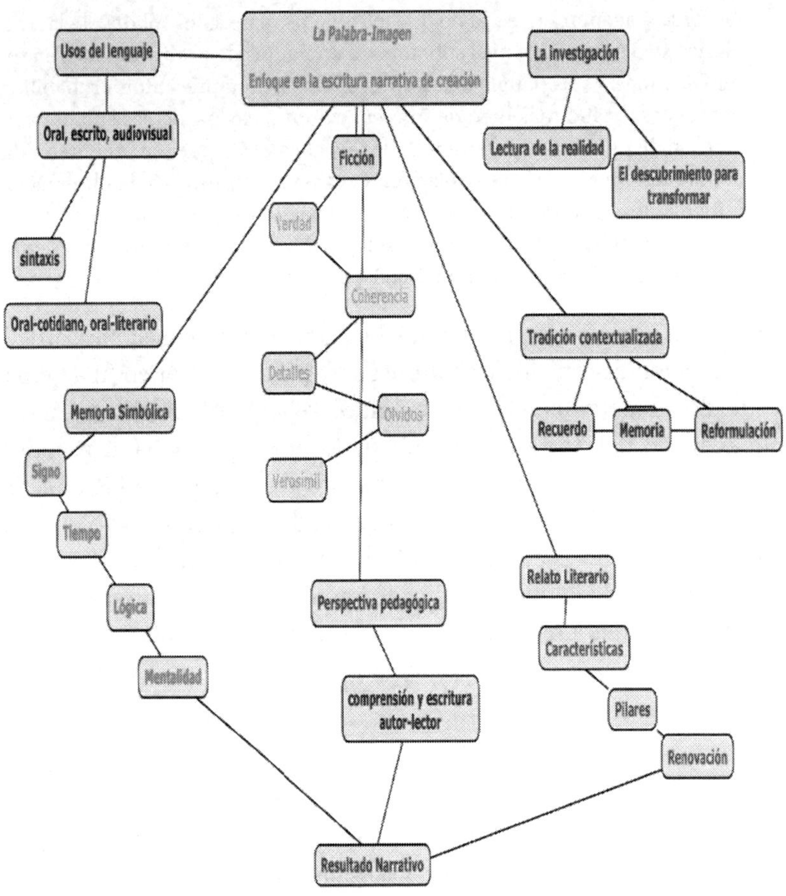

5.2. Una progresión no visible pero sí existente

Ahora quiero presentar una gráfica que muestra las diferentes articulaciones comprensivas, metodológicas y epistémicas que cobija la propuesta transcompleja de *La palabra-imagen*. Me refiero a otra forma más esquemática de explicar que al sistematizar el proceso de investigación que aquí se compendia, *La realidad narrativa por imaginar en la escritura académica*, integra los resultados de procesos que hacen conciencia de la no existencia de una realidad sino de comprensiones sobre ella, conducentes a la dinámica de integrar discrepando, considerando, distinguiendo. De ahí que en este libro el tránsito hacia un trabajo transdisciplinar se acompasa en variedad textual, en aires discursivos y en la reacomodación del lector a través de los diferentes gramajes de escritura y las temporalidades que de ella emergieron; cronológicamente fueron haciéndose correspondientes al hallazgo anterior, y ahora se intercomunican como un sistema de comprensión investigativa sobre la realidad.

Investigación	Relato	Palabra-Imagen	Complejidad
Ideas	Temas	Fin comunicativo	Expansión relacional
Estado del arte	Describir	La verdad y la ficción	Desaparición de fronteras
Autoevaluar			
Sondeo			
Diagnóstico			
Teorizar	Estructura	Lectura de la realidad	Comprensión dialógica
Método	Sentido de búsqueda	Tradición	Pensamiento autónomo
Metodología	Forma-Estilo	Lenguaje narrativo	Interacción sinérgica autónoma
Datos	Detalles	Memoria	
Contrastes	Desarrollo narrativo	Juego simbólico	Propuestas transcomplejas
Resultado	Relato	Imagen	Autopoiesis

Al esquematizar la red semántica que recorre este documento, resulta más fácil centrar su atención en la comprensión multirreferencial que nutre su identidad isomórfica y redimensiona la cognición del investigador mediante isotopías narrativas, como una resultante menos obvia, con el objeto de apuntalar el fin último de la ejecución del método en la INC promovida por *La palabra-imagen*, el cual consiste en que las palabras desarrollen todo su potencial a través de imágenes, pese a que en la construcción de un texto académico la costumbre y/o tendencia es a explicar conceptualmente, no a narrar; sin embargo, en este caso el encargo consiste en que la obligada explicación de conceptos y procesos pueda congregarse en una narración.

5.2.1. De vuelta al relato

A punto de llegar al cierre de este texto, volver sobre la propuesta inicial de 1999 es importante para anudar todo el contenido, y porque cada vez un número mayor de intentos en la transmisión de inquietudes investigativas se vuelcan en inquietantes discursivas que poco a poco las disciplinas sociales o científicas se han dispuesto tener en cuenta, y los resultados creativos provistos por la transdisciplina surcan como facultad emergente.

Sobre esas necesidades de la narración, pero de manera menos pragmática, se pronunciaron García Márquez y Vargas Llosa (2013) en una irrepetible conversación. Vargas Llosa le preguntó a García Márquez sobre el lenguaje enriquecido que se vislumbra en *Cien años de soledad* con respecto a sus obras anteriores... y García Márquez le respondió:

> ... cuando publiqué *La Hojarasca* pensaba que debía seguir por ese camino, pero empezó a deteriorarse gravemente la situación política y social en Colombia, vino lo que se conoce como "la violencia colombiana" y entonces, no sé, en ese momento tomé conciencia política y me sentí solidario con ese drama del país. Entonces empecé a contar un tipo de historia que era totalmente distinto del que me interesaba antes. ... había una cosa que me preocupaba mucho y en eso hay algo de místico, lo que tenemos de místico un poco todos los escritores: me preocupaban tanto los muertos como los asesinos. Me preocupaba muchísimo la gente que era masacrada, pero también la policía que llegaba al pueblo a masacrar. Entonces me preguntaba qué había pasado por este hombre para que llegara a este punto, de ir a matar. ... entonces escribí *El coronel no tiene quien le escriba* en donde la situación

> del Coronel y la situación del pueblo es un poco consecuencia del estado de violencia en que estaba el país ... (p. 47).

Consecuente con el ejemplo anterior en que García Márquez explica su proceso intelectual para reformular su posición estética, *La palabra-imagen* desde una posición pedagógico-explicativa hace las funciones de observador-investigador para abrir el espectro cognitivo, una actitud capital para la investigación y la creación que relaciona tres criterios prioritarios, indagación, comprensión y aprehensión. Criterios que a su vez acortan el camino hacia el relato, pues al indagar, comprender y aprehender una traza de la realidad, se conforma la senda propicia que proclama al relato como otra disposición del conocimiento producto de la investigación, pues el relato apela a recursos vinculados en el acto de comunicar mediante un procedimiento común que indaga, observa, identifica, ordena, analiza, correlaciona, concluye, reordena, y formula; evidenciando a cada paso el resultado de una investigación objetivada expresada en su proceso ficcional. En cualquier caso, el fruto que se coseche contribuirá a razonar sobre variantes de una realidad, a partir de criterios que hacen deducible una lógica por demás subjetiva (Angarita, 2009).

- Incluso en INC es necesaria la construcción de personajes, no en la forma habitual como los encontramos en la mayoría de las obras artísticas, pero si es importante saber que cada fracción que determina el proceso investigativo muy posiblemente contenga el perfil de lo que correspondería en una obra ficcional a un personaje; en tanto eso, precisar las gradaciones que la construcción de un buen personaje requiere es definitivo. En el caso de un personaje no basta con su descripción física, con una enumeración de características resueltas en adjetivos, sino cómo es que habla, camina, contesta, piensa en acciones que van creando la atmósfera donde se mueve, donde crea relaciones, y entonces el personaje cobra vida. De igual forma en un texto académico el tema es el personaje principal y la idea es construir meandros dentro del flujo del tratamiento de las herramientas comprensivas sobre el tema a las que otorgo o no unas características válidas dignas de recordar; se trata de establecer el diálogo y la controversia con el tema mismo.

- Será acaso porque uno de los mayores valores de cualquier relato es contar un secreto que no siempre debe terminar en revelación, puede ser un secreto a voces, lo importante es la gradación con que se revela, a fin de cuentas, cada paso que se da en la historia corresponde al descubrimiento de un secreto, cómo lo planteas, cómo lo desarrollas, cómo lo resuelves, concierne al diálogo que establece el autor con el texto que se pretende contar. Es el caso de tantas obras literarias o relatos no literarios que desde los primeros párrafos nos develan el final y sin embargo logran mantener al autor expectante durante todo el recorrido de la narración. Y en caso de no ser así, también se requiere pensar en cómo mantener la curiosidad del lector de principio a fin.
- Algunos autores mencionan el Deseo como un ingrediente del relato literario; pues bien, en el desarrollo de la ficción, el deseo marca la dirección de los otros elementos que debes y quieres desarrollar, va fraguando la ficción, puntos de vista variables que cambian las directrices iniciales según el planteamiento, mi versión o versiones de la realidad. Pero, para eso debes zurcir los acontecimientos, concatenarlos, y crear una dinámica de interacción con el pensamiento del lector, acotar su comprensión y empatía, no necesariamente asentimiento, puede ser un solo gesto que se logre de su parte, pero hay que hacerlo sentir.

Además de la lectura de la realidad en términos de convenciones científicas para concebir la escritura, están los factores determinantes internos en su praxis como la enunciación de ciertas disparidades teóricas surgidas de la racionalidad, como la sensibilidad y lo gnoseológico, la estética y la razón, el gusto y el argumento –la lista podría resultar extensa–; resultan equivalentes al ejercicio que se realiza al articular cualquier tipología escritural, científica o estética, porque el acto de escribir, quiérase o no, es racional. Son dos momentos, dos fuentes, pero un criterio resultante inmanente. La diferencia real estriba en la definición de la forma comunicativa para transmitir las ideas dentro del texto. Las disyuntivas frente a cómo comunicar el tema escogido siempre aparecerán, pero no hay que olvidar que su función no es la de obstaculizar sino la de propulsar en el relato temático la concreción de la realidad (Angarita, 2013) que se intenta, bien sea a través de la teoría o de la ficción. Y para ello,

Los detalles, son una prioridad en cualquier género de escritura para conducir una idea, para conducir o determinar un punto de vista, para vincular los párrafos, en qué momento considero que debemos volver a una situación, o recordar un aspecto para poder desarrollar lo que digo en la actualidad para reformularlo para recordarlo y para hacerlo no basta con una descripción enumerativa. En términos de narración académica, cuando comienzo a hablar de los autores con los que estoy o no de acuerdo y las razones que me llevan a eso, voy creando una dinámica con personajes o pasos dentro del proceso descrito.

A medida que avanzó el siglo XX, la escisión con los presupuestos clásicos se hizo mayor, esa teoría clásica del conocimiento gestadas en las filosofías que acompañaron el proceso de surgimiento y desarrollo de la ciencia moderna cambió; la atención que se desplazó hacia el conocimiento científico, y las interpretaciones que consideran el lado psicológico de la cognición, el individuo y su mundo interior se eclipsaron primero, y desaparecieron después frente al mundo exterior. El interés por el conocimiento fue cada vez más "lógico" y su forma cada vez más específica como requerimiento para presentar el conocimiento. Algo parecido ocurrió con la pretensión de ciencia sobre la que se volcaron los estudios literarios.

> Durante el Renacimiento los artistas dieron diversos nombres a su proceso de producción de la obra de arte. El artista "inventa", "preordena", "em plea formas que no existen en la naturaleza", "plasma su visión", "configura un mundo nuevo", "inventa lo que no es", "hace surgir de la nada", "produce una transformación". Las distintas denominaciones tratan de eludir el término "creación", por las implicaciones teológicas –para entonces, todavía recientes– que hay en él. Bien entrada la Ilustración se acepta que el poeta inventa, construye según su estilo, y sobre todo, crea algo nuevo, "tal como lo hace Dios". ... En el siglo XX la expresión se aplicó a todas las formas simbólicas de

> la cultura: se habló de creación en las ciencias, la política, la vida cotidiana. El término se relacionaba con la fabricación de cosas nuevas –no a partir de la nada– ... (Gutiérrez, p. 88).

La palabra-imagen une estas dos lógicas que circundan la INC. Si se entiende la Investigación Narrativa de Creación como el ejercicio que concreta una formulación personal de la comprensión lectora de la realidad, a través de la formalización de una poética para transmitir una formulación comprensiva, de esta forma, la INC aglutina el saber epistemológico, contextual, ético... de quien escribe, lo cual se fundamenta en un proceso de conocimiento expuesto en la historia que configura,

Hablar sobre ATMÓSFERA

Y quizás recordar el fragmento del capítulo XVI del Ingenioso Hidalgo Don Quijote de la Mancha, "La poesía, señor hidalgo, a mi parecer, es una princesa tierna y de poca edad, y en todo extremo hermosa, a quien tienen cuidado de enriquecer, pulir y adornar otras muchas doncellas, que son todas las otras ciencias, y ella se ha de servir de todas, y todas se han de autorizar con ella..." (Cervantes, 2006, p. 509). En las novelas de caballería se puede observar cómo se bifurcan dos momentos histórico-culturales, en el pensamiento y por tanto en lo epistemológico que aún no terminan de separar ni de definir su lugar. El esquema mítico de pensamiento medieval queda tambaleante ante la racionalidad moderna, pero no se puede dejar de lado que el texto en sí mismo es el alimento para un lector de vieja data que persiste, a pesar de la entrada del pensamiento moderno en la Europa en que se escribe la obra. De ahí que como comenta Delgado, organizar el conocimiento no corresponde necesariamente a clasificarlo o a aplicarle categorías, sino a contar la manera como se produce, y ese sistema que se utiliza para explicarlo lo justifica, fundamenta, conceptualiza y comunica, aún y sobre todo el ficcional.

Eso es lo que plantea *La palabra-imagen* como poética de la escritura. Traslucir por medio de la escritura una historia, gracias a la interpretación del saber adquirido que le permite a un individuo interpretar su mundo como un saber propio –aun si el mundo que se transmite en la historia pertenece a otro momento diferente de su Historia–, y a la vez como parte de un saber colectivo, que lo convierte en otra verdad sobre el mundo. La idea rectora de *La palabra-imagen* vista desde los estudios literarios, pretende disponer una idea de ciencia aplicable a diferentes formas de conocer si se le concede la capacidad de realizar un procedimiento científico disciplinar que organiza los conocimientos, la forma de entenderlos, y a la vez formula una explicación sobre la base de la escritura de creación que de ella produce su aplicabilidad narrativa.

Por ese motivo, hace falta congregar formulaciones académicas que ayuden a transitar caminos renovadores entre sus aguas. La razón es simple, quien escribe académica o narrativamente despunta sus comprensiones dilectas sobre la realidad, con el objeto de reconvenir maneras de exponer sus resultados, como respuesta a algunos de sus interrogantes. Por lo tanto, *La palabra-imagen*, productora de lecturas individuales sobre la Realidad, se convierte en un camino factible en la comunicabilidad del pensamiento científico. Por un lado, se origina un juego articular con varias disciplinas que trabajan con y para públicos diversos. Por otro lado, se produce una articulación multigenérica que favorece otro tipo de lectura académica, así se origina un resultado procedente de la contingencia, o si se prefiere, de la incertidumbre que a fin de cuentas es otro tipo de certeza, al advertir el proceder metodológico de la investigación dentro de una regularidad asimétrica en su explicación, mientras remite a otro propósito, crear una narrativa estructural propia, habitada por cada escribiente investigador para exponer un proceso asociativo dentro de una praxis pedagógica narrativa.

En resumen, todo lo aquí planteado permite notar cómo nos dirigimos hacia una comprensión unificada del conocimiento académico-experiencial-creador, gracias a las posibles interpretaciones y comprensiones de realidades transdisciplinares que prodigan una nueva racionalidad, *La palabra-imagen* es apenas un grano de arena en esta gran empresa, su papel es facultar a cada individuo para crear formas comprensivas que recreen su visión sobre uno o varios de los aspectos de su entorno y conducir un circuito de comprensión no terciado por un enfoque inmediatista en la observación.

En el último fragmento de *La clave de un nuevo tiempo* se manifiesta el camino que sigue haciéndose, con formulaciones comprensivas que incluyen las últimas palabras de Einstein cuando propone la unificación. Por eso el propósito de este aparte es subrayar cómo las dos posturas discursivas (la narrativa y la teórica) mientras se imbrican a lo largo de este trabajo, reflejan el aprendizaje sobre la instrucción cientifizada, la cual se concierta por la intuición creadora, y su práctica. Así mismo, el ejercicio propuesto por la INC, el mismo que se mantiene a lo largo del documento desde una perspectiva autorreferente de la escritura contemporánea, a través de su discontinuidad discursiva compleja que estimula una actitud dialógica y polifónica metatextual de crear un entorno sistémico y entrópico que vincula conocimientos multidisciplinares, cuyo eje comunicante es el pensamiento transdisciplinarizado, mediante la lógica investigativa que incuba su articulación.

5.3. La clave de un nuevo tiempo: Conclusión para el futuro

Un enloquecedor estruendo entre ladridos y amenazas, órdenes y susurros comenzó a asolar la casa palmo a palmo. Anaagüe aún soñolienta, llegó a la cocina dando tumbos guiada por los sonidos; Felipe bajó las escaleras a tientas y se detuvo al lado de su abuela. No entendían nada, Don Eugenio más belicoso que nunca arrinconaba amenazante a Miguel. Miguel por su parte intentaba canjear su tranquilidad ofreciéndole un pedazo de tocineta desde una distancia prudente. Para los demás todavía con los ojos entrecerrados y la vista nublada resultaba imposible entender qué pasaba. Entre movimientos malabáricos Miguel apagó los fogones como pudo. Una vez comenzó a amainar la turbulencia de olores reconcentrados en el cuadrilátero de la cocina, emitió un silbo conocido que logró por fin apaciguar al animal. Sólo entonces, Don Eugenio se acercó cauto, y olisqueándolo por un instante encontró debajo del olor a colonia recién puesta un humor familiar por años. Y quién podría culparlo, no era de extrañar el escepticismo de Don Eugenio frente a los seres que le rodeaban, después de todo lo vivido durante los últimos días, en que el aspecto físico era lo más nimio una vez saltaban a escena los personajes del juego; pero además así era él.

En defensa del can, yo diría que desde siempre Don Eugenio intimó con un Miguel estrafalario y desaliñado, esa fue la constante para quien lo conoció poco después de entrar en la adolescencia, y desde esa época toleró en su barba una desasosegada independencia estética, un detalle difícil de obviar ya que el incipiente vello se fue convirtiendo con el paso del tiempo en una espesa selva facial carente de regularidad en la distribución y tamaño, y lo mismo sucedió con su melena. Y ahora, de repente, apenas unas horas después de dejarlo en el lamentable estado de siempre, con el primer rayo de luz, descubrió en la cocina a un advenedizo. La reacción de Don Eugenio fue más que comprensible, casi se vio obligado a reaccionar airado, y nosotros tuvimos que reconocer que no se trató de una de las andanadas de Don Eugenio, al contrario, tenía toda la razón, Miguel amaneció irreconocible. En otra época de la familia se habría culpado de ese hecho al dedicado trabajo nocturno de los duendes –grandes amigos de infancia para Felipe–, tiempo en que aventureros personajes de cuentos fantásticos, expertos en transformar lo indecible fueron habituales invitados a su casa. Pero, el Miguel de esta mañana era un individuo inesperado, acicalado por completo, quizás más de lo necesario, y cada vez que abría la boca para decir algo, su mirada se perdía en la palabra siguiente. Gracias a la precisión de su español, abandonamos la idea de creer que hacía memoria de una guía indeterminada de poemas en otros idiomas.

— ¿Papá necesitas ayuda?

— No gracias, todo está listo.

Pasado el incidente y la alteración en la cocina, el sonido persistente de platos y ollas dio aviso al desayuno por servir. Asomado desde el ángulo que Felipe reservó para mí en el altillo, contemplaba anonadado al hombre que atendía con franca habilidad cada uno de los fogones. Felipe y Anaagüe se sentaron a la mesa sigilosos, intercambiaron miradas de desconcierto cada vez que oían resonar las aparatosas frases que emitía Miguel entre naranjas, huevos, tocino, arepas y chocolate. Posó los platos sobre la mesa con una destreza inusitada, se acomodó, y levantó el vaso con jugo de naranja, y con el mayor desenfado propuso un brindis a nombre del pensamiento filosófico de la humanidad. Con cierta cautela disfrutaron cada detalle dispuesto para la ocasión, mientras Don Eugenio abiertamente receloso se ubicó expectante en un rincón del comedor, el lugar con la mayor y mejor cobertura visual de todos.

— Pa' confiesa – después de un prolongado silencio se atrevió a preguntar Felipe–. ¿Tienes algo que hacer en la ciudad y a eso se debe este desayuno especial antes de abandonarnos? Miguel volvió de sus pensamientos con asombrosa lentitud, miró a su hijo y aún sin claridad en su mente le contestó con otra pregunta.

— ¿A qué te refieres?, no tengo ningún compromiso y espero no tenerlo en los próximos diez días al menos –a punto de volver a escaparse a la estratósfera, prosiguió–. Desde anoche no puedo dejar de pensar en algo, ¿fueron acaso las once letras, de la palabra relatividad las que cambiaron para la humanidad de la última centuria la concepción del espacio, el tiempo, la estructura del universo y su pensamiento? Porque sin lugar a ninguna duda, esa palabra facilitó el tránsito hacia otro punto en el inabarcable camino comprensivo de nuestro universo. Y me maravilla pensar cómo con el pasar de los siglos hemos ido acercándonos a un momento de esplendor divino entre el espacio y el tiempo, de manera que el presente individual, sea lo más cercano a lo absoluto. Aunque si lo miramos desde la perspectiva del tiempo o del espacio con relación a los otros, no nos queda más que reconocer su evidente relatividad. ¡Ahora entiendo!, a eso se refería Roupnel cuando indicó que la única realidad del tiempo es la del instante, si somos conscientes de las respuestas inesperadas que produce. Se refería a ese instante en que se mueve el interruptor central dentro del pensamiento de un siglo, del siglo XX en este caso. ¿Te parece suficiente el motivo de mi celebración Felipe?

— Creo que sí, pá.

No deja de ser curioso que, desde una pared, pasado más de medio siglo de mi muerte, haya podido escuchar de otra forma sobre el Albert Einstein que muchos presentan como mito, epíteto que no me resulta divertido. En cambio sí me llena de contento ver que después de todo, a mis compañeros de vacaciones les resultó suficiente con acercarse a mis palabras y a los recuerdos que otros guardan sobre mi vida para entender que fui producto de un proceso al que apodaron modernidad, el cual propició la expresión de cosas invaluables que venían gestándose tiempo atrás, y abrió paso a múltiples maneras de exponer el conocimiento adquirido, para desatar la imaginación creadora y patrocinar con ello la apertura mental que me permitió observar otro ángulo del universo incomprensible y nublado para muchos hasta entonces.

Después del recorrido que hicimos me reafirmo en la idea de que si bien el universo guarda los mayores secretos, también los pone al borde de nuestras pestañas sin que siquiera los vislumbremos. Fíjense cómo el azar me condujo a ciertas deducciones: A los diez años comencé a soñar con imágenes que generaron en mí inquietantes preguntas, luego el ejercicio de la física me permitió interpretar, y antes de mi final pude concluir que el universo tiene sentimientos, al fin y al cabo, es un gran ser vivo que nos contiene. Es más, pude percatarme de cómo siempre viví un juego, entre gigantes y enanos, entre cuerpos descomunales y partículas diminutas, y yo en medio tratando de alcanzar la bola que rotaban entre ellos. Mi tesis de grado versó sobre la conducción del calor, un tema que me merecía muy poco interés, pero después resultó valioso, porque cuando me encontré con que algo del tamaño de la cabeza de un alfiler en términos de energía creó el mundo, el solo hecho de imaginarme la capacidad energética del átomo casi me desborda.

Estos días que vivimos en la cabaña, me permitieron comprender cómo la memoria de los sentidos y las prolongaciones que de ellos hemos creado a través de la tecnología, nos ayudaron a redefinir la idea de ciencia. Por fin logro volver en calma a las palabras que balbucí unas páginas antes sobre la ficción. Mis tres acompañantes a través de la posesión de sus personajes me permitieron a la postre comprender el manuscrito de una novela que en una ocasión me envió un amigo en la cual Galileo era el protagonista. Durante la lectura de su obra me parecieron un tanto incomprensibles los ardides literarios que utilizó con tan respetado personaje, y hasta ahora reconozco en su texto algo que yo de un modo vivo y convincente también hice al crear, valiéndome de la fuerza extraordinaria que conduce la intuición. En aquel momento creí que se reducía a hojas de papel, lápiz y el disparo multicolor en la cabeza de alguien, pero después de ser partícipe silencioso de los últimos días en la cabaña de Anaagüe no podría caer en el mismo equívoco. Este viaje me permitió ser consciente de que el trabajo de la escritura literaria, tanto como el mío encierran más, mucho más, al relacionarse indisolubles el uno con el otro, y sus mundos al transfigurarse en sentimientos rodean la verdad de una vida.

En ese entonces lo incomprensible para un demente impío como yo, fue poder entender que, si el microcosmos se mueve a la velocidad de la luz, nuestros actos activados por los sentimientos también lo hacen. Eso debe ser lo que posibilita la coexistencia de estancias paralelas, de la misma forma como la literatura lo logra, el lenguaje de lo simbólico nos intercomunica con otros espacios sin alejarnos del todo de nuestra temporalidad. Tanto en la ciencia como en la literatura, prevalecen alternativas en las acciones, a pesar de que la mente insista en arraigarnos a una única forma de existir.

Estuvo bien mantenerme, en apariencia, al margen del juego que vivieron entusiastas los habitantes de la cabaña para poder llegar a esta comprensión, porque me permitió descubrir cómo ellos fueron encontrando la manera de hilvanar mi vida y sus alrededores, cada uno a su ritmo y desde diferentes comprensiones encauzadas por sus personajes. Con suma admiración debo reconocer que la forma en que dispusieron el juego entre diferentes realidades, les permitió sin proponérselo descubrirme como científico y como hombre, incluso intuir la unificación, mi idea apenas esbozada sobre el campo unificado al final de mis años. La teoría de la gran unificación, es algo así como la memoria colectiva de la física, la cual trata de agrupar las fuerzas de la naturaleza dentro de un panorama único y completo. Ese fue mi último descubrimiento: La única manera de existir es haciendo causa común con el universo, y eso requiere de la existencia de todos al ritmo de las partes. De esta manera la realidad de los componentes espaciales que se unen o se desunen desde diferentes sitios del universo, confluyen, aunque el ángulo de observación sea diferente.

Las palabras que escuché pronunciar a la señora Lotenz unidas a las historias de Flew Flew, las opiniones de Martínez y las permanentes puntualizaciones de Antrux, trajeron consigo entramadas reflexiones, muchas de ellas me llevaron a hacer un recorrido de ida y vuelta en permanente movimiento. Recordé cómo en mi niñez fui ferviente, leí un libro sobre ciencia y hasta ahí me llegó la fe de Abraham, sin dejar de lado la sólida creencia de que hay un orden que vislumbramos indirectamente, en ese sentido soy profundamente religioso. Y desde esa percepción unida a la científica entiendo que el universo tiene un lenguaje, las matemáticas, ellas poseen la llave que abre el portal a sus misterios. Para mí equivale a la apreciación musical: escucho, amo, respeto y guardo silencio. Ese silencio me permite viajar por cada nota, de la misma forma que navego por los años, reconociendo sin mayor dilema que la identificación con la actualidad se hace menor al envejecer, porque de alguna extraña manera nos vamos disolviendo, unificando con la naturaleza, lo cual me confortó, y me hizo parte de la experiencia más grande que podemos tener, la incognoscible.

Desde ese momento no vi la necesidad de volver a hablar de relatividad, porque fui consciente de que una vez conocida por todos, lo que nos queda es encontrar el secreto de la gran unificación. Entre tanto seguiremos acercando el cosmos en naves espaciales, hasta el día en que se hagan innecesarias y podamos viajar a la velocidad de la luz de nuestra propia energía vital. Llegará el momento en que todo cobre un nuevo sentido, quizás cuando nos hagamos uno, con la certeza de tener ante nuestros ojos un ente que no nos abandona, y de esa manera continuar nuestra vida al amparo de una premisa: si una idea no es con suficiencia descabellada, no vale la pena empezar una empresa. En ese momento un ser de naturaleza espiritual superior e infinito, se manifestará en los pequeños detalles que alcanzamos a percibir con nuestros débiles e imperfectos sentidos. Quizás por eso el científico es un ser afortunado, siempre se enfrenta al final con el misterio, porque Dios no juega a los dados con el universo. De ahí que durante toda mi vida intenté vislumbrar el orden oculto de la naturaleza, pero para alcanzar una pequeña fracción comprensiva de ella, tuve que "experimentar" cómo la ciencia requiere de la fe en la recóndita armonía del universo para poder ponderar los grandes secretos de ese ser superior; teniendo en cuenta que nuestra situación en este mundo es ajena, aparecemos aquí involuntariamente y sin invitación alguna, por corto plazo y sin saber por qué.

Ahora, seguiré aquí colgado en un papel, con la mirada en el futuro que nos aguarda. Satisfecho abierta y sinceramente al darme cuenta, que antes de irme de la tierra dejé propuesto un juego que conducirá a la humanidad hacia la posteridad, ese que llamé *unificación*. Mientras la descomunal tarea de contestar a sus respectivos interrogantes queda en las valiosas manos de cientos de brillantes físicos que tratarán de unificar la fuerza nuclear con la gravedad; la fuerza electromagnética, la relatividad y los cuantos. Ese día ha de llegar, y cuando llegue, sus respuestas nos otorgarán la luz a la libertad de una nueva etapa para el ser humano, y yo repetiré muy a gusto: Es en la capacidad de fantasear que la obra del individuo guarda su mayor sentido, porque ella está tan ligada a la de sus contemporáneos como a la de sus predecesores; de tal forma que, aunque parezca ser un producto suyo, en verdad está hecha por todos.

Referencias bibliográficas

Acosta, L. (1989). *El lector y la obra.* Gredos.

Angarita, L. (Agosto de 2005). Una pedagogía de la 'historia' en Colombia: Talleres de *La palabra-imagen.* En E. Jaramillo (Presidencia), "Colombia: Tiempos de imaginación y desafío". XIV Congreso de la Asociación de Colombianistas, Denison, Ohio, USA. http://www.colombianistas.org/Portals/0/Congresos/Documentos/CongresoXIV/PonenciasPDF/angarita_ponencia.pdf

Angarita, L. (2010) *Una perspectiva pedagógica de la palabra.* Pontificia Universidad Javeriana.

Angarita, L. (2013). Investigar la realidad para re-significar las imágenes. En Módulo virtual, *Diplomado Inclusión Social.* Pontificia Universidad Javeriana.

Angarita, L. (Ed.). (2013). *Historias que el país cuenta.* Pontificia Universidad Javeriana, Facultad de Educación, Licenciatura en Educación Básica con énfasis en Humanidades y Lengua Castellana.

Ardila, C. (2009). Metaficción. Revisión histórica del concepto en la crítica literaria colombiana. *Estudios de Literatura Colombiana,* (25), 35-59. https://aprendeenlinea.udea.edu.co/revistas/index.php/elc/article/view/9794

Auster, P. (2012). *El cuaderno rojo. Historias verdaderas.* Seix Barral.

Barnechea, A. (1997). *Peregrinos de la Lengua. Confesiones de los grandes autores* latinoamericanos. Alfaguara.

Bauman, Z. (2003). *Modernidad líquida.* Fondo de Cultura Económica.

Bauman, Z. (2013). *La cultura en el mundo de la modernidad líquida.* Fondo de Cultura Económica.

Barthes, R. (1972). *Lo verosímil.* Tiempo contemporáneo.

Bellón, J. (2010). Las horas del día, de Jaime Rosales: Un psycho-thriller made in Spain. *Studia Romanistica,* 10(1), 61-74.

Bunge, M. (1969). *La investigación científica.* Siglo XXI.

Bunge, M. (1989). *La ciencia, su método y su filosofía.* Siglo XX.

Burón, J. (1993). *Enseñar a aprender: Introducción a la metacognición.* Ediciones Mensajero.

Bustillo, C. (1997). *La aventura metaficcional.* Equinoccio Ediciones de la Universidad Simón Bolívar.

Calvino, I. (1993). *Si una noche de invierno un viajero*. Siruela.

Calvino, I. (1997). *Seis propuestas para el próximo milenio*. Siruela.

Capra, F. (1998). *La trama de la vida. Una nueva perspectiva de los sistemas vivos*. Anagrama.

Carrizo, L., Espina, M. & Thompson, J. (2003) Transdisciplinariedad y complejidad en el análisis social. MOST-UNESCO, (70), 1-68.

http://unesdoc.unesco.org/images/0013/001363/136367s.pdf

Cervantes, M. (2006). *El ingenioso hidalgo don quijote de la mancha*. Panamericana.

Cortázar, J. (nov. 1962-feb. 1963). El decálogo del cuentista. *Revista Casa de las Américas*, (60), 15-16.

Delgado, C. (2002). *Límites socioculturales de la educación ambiental: (acercamiento desde la experiencia cubana)*. Siglo XXI

Delgado, C. (19 marzo 2012). Transdisciplina y metodología de la investigación. *Conferencia en el Taller sobre inter, multi y transdisciplinariedad en el postgrado en Multiversidad Mundo Real Edgar Morin.*

Delgado, C. (2015). La reforma paradigmática: posibilidades y fronteras para el diálogo de saberes. *Ludus complexus*, 1(0), 65. http://luduscomplexus.org/

Dick, P. (1978). *Cómo construir un universo que no se derrumbe dos días después.* http://www.13t.org/decondicionamiento/forum/leemas.php?p=1799&t=417

García, G. & Vargas, M. (2013). *La novela en América Latina: Diálogo*. Ediciones Copé y Petróleos del Perú.

García-Huidobro, R. (2016). La narrativa como método desencadenante y producción teórica en la investigación cualitativa. *Empiria: Revista de metodología de ciencias sociales* , (34), 155-178. DOI/empiria.34.2016.16526.

Gómez, B. & Henao, L. (2003). *Artesanías de la palabra*. Panamericana.

Guerrero, C. (1998). *Palenque de San Basilio una propuesta de interpretación histórica.* [Tesis doctoral, Universidad de Álcala]. No publicada.

Gutiérrez, A. (2008). Creación en narrativa, otra cara de la investigación literaria. *Vistas al patio*, (1), 85-96.

Koppen, E., Mansilla, R. y Miramontes, P. (2005). La interdisciplina desde la teoría de los sistemas complejos. *Ciencias*, (79), 4-12. http://www.revistaciencias.unam.mx/images/stories/Articles/79/CNS07902.pdf

Kuhn, T. (2004). *La estructura de las revoluciones científicas*. Fondo de Cultura Económica.

Lanz, R. (2010). Diez preguntas sobre transdisciplina. *RET, 2(1)*, 11-21. http://www.redalyc.org/pdf/1792/179221238002.pdf

Lodge, D. (2002). *El arte de la ficción*. Ediciones Península.

Maldonado, C. (2007). *El problema de una teoría general de la complejidad. Complejidad: ciencia, pensamiento y aplicaciones.* Universidad Externado de Colombia.

Maldonado, C. & Gómez, N. (2010). *El mundo de las ciencias de la complejidad. Estado del arte*. Universidad del Rosario.

Mata, M. (1995). Investigación radiofónica: de las palabras a los hechos. Módulo 3, curso a distancia en comunicación radiofónica. *Revista Chasqui*, (52), 98.

Maturana, H. y Varela, F. (1984): *El Árbol del Conocimiento: Las Bases Dialógicas del Entendimiento Humano.* Universitaria.

Maza, J. (Abril 2003). La belleza de pensar - José Maza - Astronomía [video]. Youtube. https://www.youtube.com/watch?v=6ov6FfXe-Aw&t=506s

Morin, E. (1984). *Ciencia con conciencia*. Anthropos.

Morin, E. (1990). *Introducción al pensamiento complejo*. Gedisa.

Morin, E. (1993): *El Método1. La Naturaleza de la Naturaleza*. Cátedra.

Morin, E. (1996). *Mis demonios*. Barcelona, Kairós.

Morin, E. (1999). *Los siete saberes necesarios para la educación del futuro (M. Vallejo-Gómez, Trad.)*. Unesco.

Morin, E. (1999). *Contextualización y Comprensión Humana*. Unesco.

Morin, E. (1999). La epistemología de la complejidad (J. L., Solana, Trad.). *Gazeta de Antropología*. (20), 43-77. http://www.ugr.es/~pwlac/G20_02Edgar_Morin.html

Morin, E. (2000). Qué es el pensamiento complejo. *Ponencia inaugural en el I Congreso Internacional de Pensamiento Complejo*, Bogotá, Colombia.

Morin, E. (2003). *El Método 5. La humanidad de la humanidad*. Cátedra.

Morin, E., Roger, E. y Motta, R. (2003). *Educar en la era planetaria*. Gedisa.

Nabokov, V. (1999). *Opiniones contundentes*. Taurus.

Nicolescu, B. (2009). *La Transdisciplinariedad Manifiesto.* Multiversidad Mundo Real Edgar Morin.

Orrantia, M. (2012). La escritura creativa en Colombia. *Literatura: teoría, historia, crítica, 14* (1), 287–301. https://revistas.unal.edu.co/index.php/lthc/article/view/30965/31036

Osorio, S. (2012). El pensamiento complejo y la transdisciplinariedad: fenómenos emergentes de una nueva racionalidad. *Revista de Facultad de Ciencias Económicas, 20(1), pp.* 269-291. http://www.scielo.org.co/pdf/rfce/v20n1/v20n1a16.pdf

Osorio, S. (agosto de 2017). Bioética y Pensamiento Complejo. Trabajo presentado en C. Delgado (Presidencia), *Congreso Internacional Todos los Saberes.* Bogotá, Colombia.

Pennac, D. (2000). *Los señores niños.* Norma.

Popper, K. (2008) *La lógica de las ciencias.* Colofón.

Prieto, D. (1994). *La vida cotidiana, fuente de producción radiofónica.* UNDA-AL.

Propp, V. (1998). *Las raíces históricas del cuento.* Fundamentos.

Pupo, R. (2005). Repensar la filosofía hoy... La metaforización de la filosofía. *Revista Cubana de Filosofía,* (2). http://revista.filosofia.cu/filosofando.php?id=43

Ripamonti, P. (2017). "Investigar a través de narrativas. Notas epistémico-metodológicas". En *Metodologías en contexto.*

Rivas, I. (2010). "Narración, conocimiento y realidad. Un cambio de argumento en la investigación educativa". En *Voz y educación La narrativa como enfoque de interpretación de la realidad.* Ediciones Octaedro. https://octaedro.com/appl/botiga/client/img/16038.pdf

Romero, C. (2003). Paradigma de la complejidad, modelos científicos y conocimiento educativo. *Ágora digital* (6). http://www.uhu.es/agora/version01/digital/numeros/06/06-articulos/monografico/html_6/clara_romero.htm

Rosenau, J. (1997). Demasiadas cosas a la vez. La teoría de la complejidad y los asuntos mundiales. *Nueva Sociedad,* (148), 70-83. http://nuso.org/media/articles/downloads/2579_1.pdf

Siciliani, J.M. (2014). Contar según Jerome Bruner. Itinerario Educativo, xxviii (63), 31-59.

Simic, C. (2010). *Memorias.* Vaso Roto.

Sontag, S. (enero-febrero 1997). El hijo pródigo. *Revista El Malpensante* 2(1).

Sotolongo, P. & Delgado, C. (2006). *La revolución contemporánea del saber y la complejidad social. Hacia unas ciencias sociales de nuevo tipo* (pp. 23-45, 65-77). CLACSO. http://bibliotecavirtual.clacso.org.ar/ar/libros/campus/soto/soto.html

Vansina, J. (1968). *La tradición oral.* Labor.

Vásquez, A. (2006). La espistemología de Fayerabend: Esquema de una terоría anarquista del conicimiento. *Revista Observaciones Filosóficas, 1*(2). www.observacionesfilosoficas.net/download/feyerabendabril.pdf

Weinberg, S. (2001). Nuevos enfoques sobre la ciencia: transciencia y ciencia reguladora. En *Cuadernos de Iberoamérica.* OEI.